신한용하고 끄더웅앟나

옹학끄 뭐앑기눌뷤 끄학옹

중학교 생활기록부로 진학하고 취업한다

발행일	2023년 10월 26일			
지은이	손세화			
펴낸이	손형국			
펴낸곳	(주)북랩			
편집인	선일영	편집	윤용민, 배진용, 김부경, 김다빈	
디자인	이현수, 김민하, 임진형, 안유경, 한수희	제작	박기성, 구성우, 이창영, 배상진	
마케팅	김회란, 박진관			
출판등록	2004. 12. 1(제2012-000051호)			
주소	서울특별시 금천구 가산디지털 1로 168, 우림라이온스밸리 B동 B113~114호, C동 B101호			
홈페이지	www.book.co.kr			
전화번호	(02)2026-5777	팩스	(02)3159-9637	

ISBN   979-11-93499-18-4 03370 (종이책)   979-11-93499-19-1 05370 (전자책)

(주)북랩 성공출판의 파트너

북랩 홈페이지와 패밀리 사이트에서 다양한 출판 솔루션을 만나 보세요!

홈페이지 book.co.kr   •   **블로그** blog.naver.com/essaybook   •   **출판문의** book@book.co.kr

작가 연락처 문의 ▸ ask.book.co.kr

작가 연락처는 개인정보이므로 북랩에서 알려드릴 수 없습니다.

북랩

#온라인수업

손세희 지음

온라인 수업과 기록으로 채우는 학생부를 완성하다

초·중·고 학부모와 학생을 위한
원포인트 진로·진학·취업 안내서

진로상담가 자격증 가진 현직 고등학교 진로진학상담 교사가 쓴

프롤로그

2023년 10월 10일에 현재 중2 학생들에 해당하는 2028 수능과 2025년 내신 평가 방식의 변경 시안이 발표되었다. 대입제도의 변화는 학생과 학부모를 불안하게 한다.

이 책은 그 불안감을 없애고 변화에 적합한 준비를 할 수 있도록 도와줄 것이다. 현재 입시제도와 새로운 입시제도를 포함해서 고교입시, 대학입시, 취업을 연결하는 가장 좋은 준비 방법을 설명한다.

고입, 대입, 취업을 각각 설명하는 책은 많지만 고입-대입-취업을 연결해서 설명하는 책은 거의 없다. 고입-대입-취업을 연결해서 준비하면 진로 방향도 뚜렷해지고 각 단계에서도 만족스럽게 공부할 수 있게 된다. 대학에서 자퇴가 많고, 취업을 해서도 직장을 그만두는 경우가 많은데 고입-대입-취업을 연결해서 준비하도록 하여 그런 경우를 줄어들게 하려고 이 책을 집필했다.

외국 학생들이 공부 외에 다양한 체험 활동을 하는 모습을 보면서 우리나라의 학생과 학부모는 오랫동안 부러워해 왔고 지금도 부러워하고 있다. 그 모습이 부러워서 유학이나 이민을 선택했다는 얘기도 많이 든다.

우리나라 학생들도 공부 외에 다양한 체험 활동도 하면서 행복한 청소년 시기를 보낼 수 있다면 지금 학교 및 사회에서 나타나는 부정적인 모습들이 조금은 줄어들지 않을까 생각해본다.

우리나라 청소년들이 공부 외에 다양한 체험 활동도 하며 행복하게 생활하는 것은 이루어질 수 없는 이상적인 생각인가?

이렇게 질문하면 "누가 다양한 체험 활동을 하는 것이 좋은지 몰라서 안 하나요. 공부해야 할 시간에 그런 것을 하다가 성적이 떨어져서 나중에 좋은 대학 진학을 못 하면 어쩌죠?"라는 반문이 많을 것 같다. "다른 집 아이는 열심히 공부하고 있는 시간에 내 아이가 체험 활동에 시간 낭비하는 것은 있을 수 없는 일이다."라고도 할 것이다.

하지만 필자는 크게 외쳐본다. 이제는 바뀌어야 한다. 이제는 바꿀 수 있는 준비가 되어 있다.

다행스럽게도 우리가 느끼지 못하는 사이에 우리 사회는 바꿀 수 있는 준비를 해왔다. **현재 다양한 체험 활동을 했던 경험을 고교입시와 대학입시에서 유리하게 반영하는 입시제도가 마련되어 있기 때문에 우리도 이제는 바꿀 준비가 되었다고 생각한다. 이제는 체험 활동 경험이 시간 낭비가 아니라 오히려 입시에 도움이 된다.**

그런데 10% 정도의 학생들만 다양한 체험 활동 경험으로 입시에서 유리한 위치를 차지하고 있다. 10% 학생 중에는 미리 계획하고 준비해서 유리해진 경우도 있고, 모르고 했는데 유리해진 경우도 있다. 반면에 나머지 90%는 무슨 일이 벌어지고 있는지도 모르고 학교생활을 하다가 좋은 기회를 놓치게 된다.

그 모든 내용을 『중학교 생활기록부로 진학하고 취업한다(중생진취)』에 넣어 90%의 학생과 학부모에게 알려주어서 모두가 다양한 체험활동 경험을 통하여 유리한 기회를 잡을 수 있게 하려고 한다.

이 공평하지 않은 경쟁에는 두 개의 출발선이 생겨서 누구는 앞에서 출발하고 누구는 뒤에서 출발하게 된다. 대다수의 학생들은 억울하게도 뒤의 출발선에서 출발하고 있다. 내 자녀가 다른 학생보다 뒤에서 출발하게 된다면 너무 억울할 것 같다. 실제로 매년 그런 현상이 대학입시에서 벌어지고 있는데 그 사실을 아는 학생과 학부모는 많지 않다. 그 사실을 아는 사람들만 쉬쉬하며 조용히 앞에 있는 출발선으로 가고 있다. 매년 황당한 일이 벌어지고 있는 셈이다. 이 대목을 읽고 앞의 출발선을 없애자고 하지 말자. 이 책의 목적은 뒤의 출발선을 없애려고 하는 것이다. 꼭 책의 본문을 읽어주길 바란다.

잠깐! 이 책에서는 공부의 능력이나 성적 얘기를 하자는 것이 아니다. 공부 능력 차이 때문에 입시에서 불리해진다는 뻔한 얘기를 왜 하겠는가?

이 책을 쓰는 이유는 아래와 같다.

- 대학입시의 출발선이 같지 않다는 것을 설명하자.
- 뒤에서 출발하는 불리함이 없도록 하는 방법을 설명하자.
- 고입, 대입, 취업을 연결해서 이해하도록 하자.

그리고 더 나아가서 출발선이 달랐던 것이 취업에도 영향을 준다는 것도 알려주려 한다. 책 제목이 『중학교 생활기록부로 진학하고 취업한 다』인 것은 취업까지 고려했기 때문이다.

2023년 10월 10일 대입제도 변경의 시안이 발표되었다. 정책에서는 뒤의 출발선에 다수가 있기 때문에 다수결의 오류가 쉽게 생길 수 있 다. 다수결의 오류가 교육을 뒷걸음치게 한 적이 여러 번 있었다. 이번 만큼은 뒤의 출발선에 있는 학생들을 앞의 출발선에 올 수 있도록 하 는 방식으로 불공평함을 해결할 수 있기를 바란다.

If one does not know to which port one is sailing,
no wind is favorable.

로마의 철학자 세네카가 남긴 말로 의역하면 "어느 항구를 향해 갈 것인지 생각하지도 않고 노를 젓는다면 바람조차 도와주지 않는다"이다. 배가 가려는 진로방향을 정하고 노를 저어야 한다는 것을 얘기해준다. 우리나라 학생들은 정말 열심히 공부하는데, 진로방향이 없는 학생들이 많은 것 같다. 어느 항구를 향해 갈 것인지 생각하지도 않고 열심히 노만 저어가는 모습이 안타깝다. 아이들은 혼자 성장하는 것이 아니고 부모님의 도움이 필요하다.

학생들이 어느 항구를 향해서 갈 것인지 생각해볼 수 있는 여유를 가질 수 있도록 모두가 도와주어야겠다.

진로심리학자 존 크롬볼츠의 계획된 우연(Planned Happenstance) 이론에 따르면 성공한 사람 중 계획에 따라 성공한 사람은 20%이고, 80%는 우연히 겪은 일로 성공했다고 한다. 이 이론을 계획을 세울 필요가 없다는 것으로 오해하지 않길 바란다.

계획된 우연(Planned Happenstance) 이론은 어떤 새로운 분야를 배우려고 긴 시간 끊임없이 노력하다가 우연한 기회가 왔을 때 과감하게 그 우연한 기회를 잡을 수 있는 사람의 성공 확률이 높다는 의미이다. 그렇게 하려면 어떤 분야를 배워볼지 찾아보고 선택하기 위해서 고민하는 시간이 필요할 것이다. 학생들은 과감하게 도전하고 싶은 분야를 찾기 위해서 고민하는 시간을 가지길 바란다.

진로 교육에 대한 많은 아이디어를 얘기해주는 친구 노성빈과 전국의 진로진학상담 교사를 포함한 모든 선생님께 힘든 교육 환경 속에 있겠지만 미래의 희망을 찾아가는 학생들을 보면서 힘내자는 한마디 말을 보내드린다. 생각의 활자들이 방향을 잡지 못하고 허공을 헤맬 때 그 생각이 문장이 되게 해준 상상 속 세 분의 멘토에게 감사드린다.

그 무엇보다도 집필 과정에서 공대 출신의 무미건조한 문장에 생기를 불어넣어 주고 책을 완성할 수 있도록 힘을 보태준 가족들에게 지면을 빌어서 무한한 감사와 사랑을 보낸다.

퇴임이 몇 계단 남은 2023년 가을

손세화

차례

I부

1. 같은 출발선에서 출발하자

1) 같은 출발선에서 출발하지 못하는 이유

※ 주의: 지금 내용은 성적에 관한 얘기가 아니다.

※ 입시 관련 지식이 필요할 수 있는데 모르는 내용이 있으면 그냥 지나가도 된다. 입시 관련 내용은 뒤 단락에서 설명한다.

대학입시는 공평해야 하므로 모든 학생은 같은 출발선에서 출발해야 한다. 그런데 대학입시에서 출발선이 두 개이고 앞에서 출발하는 학생과 뒤에서 출발하는 학생으로 나누어지는 황당한 상황이 벌어지고 있다. 당연히 앞의 출발선에서 출발하는 학생이 유리하다. 수능시험 때 비행기도 못 뜨게 하는 우리나라에서 황당한 일이 벌어지고 있고 그 사실을 모르는 학생과 학부모가 너무 많다. 당연히 그 사실을 알고 있는 일부는 조용히 앞의 출발선으로 가고 있다.

출발선이 달라지는 이유는 중학생 때 고교입시의 비교과 활동 경험 때문이다.

입시가 있는 고등학교인 특목고, 영재고, 자사고의 모집인원은 전체 고등학교 전체 모집인원의 4.8%로 약 5% 정도이며, 경쟁률은 평균 2:1 정도이다. 따라서 고교입시를 준비하는 중학생은 전체 중학생의 10% 정도이며, 나머지 90% 정도의 학생은 고교입시를 경험하지 않고 고등학교에 진학하게 된다.

고교입시와 대학입시는 준비 과정에서 유사한 부분이 많다. 그래서 고교입시를 준비해본 경험이 있는 10% 정도의 학생들은 그 경험을 활용해 비교적 철저하게 준비를 하고 대학입시에서 유리하게 된다. 반면에 고교입시를 준비해 본 경험이 없는 90%의 학생들은 무엇을 어떻게 준비해야 하는지 몰라서 우왕좌왕하며 대학입시를 시작한다. 그래서 대학입시 경쟁에서는 앞의 출발선에서는 고교입시를 준비해 본 경험이 있는 10%의 학생들이 출발하고, 뒤의 출발선에서는 나머지 90%의 학생들이 출발하게 된다.

고등학생이 되어 대학입시 경쟁이 시작되면 뒤에서 출발해서 앞에서 출발한 학생들을 추월하거나 따라잡는 것이 쉽지 않음을 학교 현장에서 많이 목격하고 있다.

실제로 학교 현장에서 목격되고 있는 뒤의 출발선에서 출발하게 되는 많은 상황 중의 몇 개의 예시로 설명하면 이해하기 쉬울 것 같다. 아래의 예시를 살펴보자.

〈예시 1〉 동아리를 선택할 때

- 고등학교에 입학하면 3월 둘째 주에 동아리(CA)를 선택하게 된다.
- 1학년 3월 초에 선택하는 동아리가 3학년 때 대학입시에 영향을 준다.
- 진로방향에 적합한 동아리를 선택하면 입시에 유리하다.
- 물론 동아리 선택보다 동아리 내에서 어떤 활동을 했는가가 더 중요하다.

동아리는 고등학교 입학 후 학교 적응도 안 된 3월 둘째 주에 선택하게 된다. 그런데 고교입시를 준비해본 경험이 있는 학생들은 입시에서 동아리 선택이 중요한 것도 알고 있고, 진로방향도 어느 정도 정해져 있어서 입시에 도움이 되는 동아리를 선택할 수 있다. 반면에 고교입시를 경험해보지 못한 학생들은 동아리 선택이 왜 중요한지도 모르고, 진로방향이 정해져 있지 않은 경우가 많아서 적합한 동아리를 선택하지 못하는 경우가 많다. 그래서 대학입시에서 불리해질 확률이 조금 높아진다.

〈예시 2〉 수업 중 비교과 활동을 할 때

대학입시에서는 생활기록부의 세부능력 및 특기사항에 기록된 내용이 중요한데, 세부능력 및 특기사항에는 수업에서 학생이 한 발표, 토론, 실험 등의 비교과 활동을 기록한다. 그런데 세부능력 및 특기사항에 기록될 비교과 활동을 하는 것은 처음부터 잘 할 수 있는 것이 아니라 많은 실수를 겪어봐야 한다. 즉, 비교과 활동의 경험이 있어야 한다.

하지만 고등학생이 되면 공부하기도 바쁜데 많은 실수를 겪어보면서 비교과 활동의 경험을 쌓을 시간이 없다. 그래서 중학생 때 고교입시를 위해서 비교과 활동을 하면서 실수를 겪어본 후 고등학교로 오는 것이 꼭 필요하다. 그런데 중학생 때 입시를 위한 비교과 활동을 해보지 않은 학생들은 고등학생이 되어도 비교과 활동을 어떻게 해야 하는지 잘 모른다. 어떻게 활동해야 하는지 잘 모르니 좋은 결과가 나오지 않아서 여러 번 실망하고 중간에 포기하기 쉽다. 그래서 대학입시에서 불리해질 확률이 조금 높아진다.

그리고 같은 비교과 활동을 해도 어떻게 활동하고, 어떻게 기록하는가에 따라서 입시에서 평가가 달라진다. 중학교 때 입시를 위한 비교과를 해본 학생들은 이것을 알고 있으므로 좋은 평가를 받기 유리해진다.

〈예시 3〉 고등학교 1학년 1학기에 2학년 선택과목을 결정할 때

고등학교 2·3학년 학생들은 과목을 선택해서 수업을 듣는다. 2학년 때 들을 선택과목은 1학년 9월에 최종적으로 선택해야 한다. 이때 대학입시에서 원서를 넣을 전공학과와 관련된 과목을 선택하지 않으면 대학입시에서 불리하게 된다. 즉 1학년 때 선택한 과목이 3학년 대학입시에 영향을 주는 것이다.

대학입시를 준비하려면 진로방향을 정하는 것이 중요한데 고등학생 중에는 진로방향을 정하지 못한 학생들이 많다. 그러나 고교입시를 준비해본 학생들은 중학생 때 진로방향을 정하는 시기를 거치고 고등학교에 진학했기 때문에 1학년 때 2학년 선택과목을 정하는 것에 비교적 어려움이 적다. 그런데 고교입시를 준비한 적이 없는 학생 중에는 진로방향을 정하지 못한 학생들이 많다 보니 필요한 과목을 선택하지 않아서 3학년이 되면 후회하는 학생들이 많다. 그래서 대학입시에서 불리해질 확률이 조금 더 높아진다.

위의 3가지 예시만으로도 입시에서는 많이 불리해진다. 그 선택 자체로 불리해지는 것이 있지만 그 선택의 연결된 부분들도 불리해지기 때문이다.

위 3가지 예시의 내용을 아래와 같이 정리할 수 있다.

- 진로방향을 선택하고 고등학교에 진학했는가?
- 중학생 때 입시를 위한 비교과 활동의 경험이 있는가?

고교입시를 준비해본 경험이 없는 학생들이 뒤에서 출발하게 되는 상황은 위의 3개 예시 외에도 더 많이 있다. 그런 상황들이 모여서 고교입시를 준비해본 경험이 없는 학생들을 뒤의 출발선에서 출발하게 만드는 것이다. 이런 상황을 모르고 열심히 공부만 한 학생들은 억울할 것 같다. 그리고 그렇게 자녀를 지도한 부모님은 미안해할 것 같다.

예시를 들어 설명했지만 왜 앞, 뒤 출발선이 나눠지고, 이에 따라 대학입시에 영향을 준다는 것인지 쉽게 이해되지는 않을 것이다. 이 내용은 고교입시와 대학입시의 구조를 알아야 잘 이해할 수 있으므로 끝까지 읽어보기를 바란다.

2) 앞쪽의 출발선에서 출발할 수 있는 방법

※ 주의: 지금 내용은 성적에 관한 얘기가 아니다.

대학입시의 앞쪽 출발선에서 출발할 수 있는 방법은 여러 가지가 있을 수 있을 것이다. 서울에서 부산까지 가는 방법이 여러 가지 있듯이 대학입시 방법도 여러 가지가 있다. 여러 가지 방법 중에서 필자가 제시하는 앞쪽의 출발선에서 출발할 수 있는 방법은 아래와 같다.

- 특목, 영재, 자사고에 진학하는 고교입시를 준비한다.
- 특목, 영재, 자사고에 진학하지 않지만 고교입시를 준비한다.

이렇게 얘기하면 큰 오해를 하는 경우가 많다. 특목, 영재, 자사고로 진학하라는 얘기가 아니다. "특목, 영재, 자사고에 진학하려는 것처럼 중학생 생활을 하라"는 의미이다. 특목, 영재, 자사고에 진학할 계획이 없는 학생도 진학하려는 것처럼 목표를 설정하고 자기주도적으로 입시 준비를 하라는 의미이다.

두 방법의 공통점은 고교입시를 준비하는 것이다. 두 방법 중 어느 방법이 더 좋다는 것은 없으며, 학생의 상황에 따라서 준비하면 된다. 두 방법의 공통점인 고교입시를 준비하는 것의 의미는 입시에 도움이 되는 비교과 활동을 하는 것이다.

이런 질문이 있을 수 있겠다. 고교입시를 준비하지 않고 앞쪽의 출발선에서 출발할 수는 없는가?

다른 방법이 있을 수도 있을 것이다. 하지만 일반적인 방법으로는 쉽지 않다고 생각된다. 왜냐하면 긴 시간 힘들게 해야 하는 것은 명확한 목표가 있어야 가능하기 때문이다. 성인들도 목표가 명확하지 않으면 긴 시간 동안 힘든 과정을 이겨내는 것은 쉽지 않다. 하물며 아직 어린 14~16세의 중학생들이 명확한 목표 없이 긴 시간 동안 힘든 과정을 헤쳐 나가기는 정말 어려운 일이다. 그래서 고교입시라는 명확한 목표를 정하고 필요한 것을 조금씩 준비해 가야 한다.

한 문장으로 정리해보면 앞쪽의 출발선에서 출발할 수 있는 방법은 입시가 있는 고등학교인 특목, 영재, 자사고에 진학하려는 것처럼 입시에 도움이 되는 비교과 활동을 하는 것이다.

어떤 고등학교로 진학하면 좋은지는 학생의 상황에 따라 다르다. 본인의 상황은 생각하지 않고 남들 따라 특목, 영재, 자사고로 진학해서 후회하거나 큰 손해를 보는 학생들도 많이 있다. 따라서 고등학교 선택은 남들을 따라 하지 말고 본인의 상황에 맞게 선택하는 것이 정답이다. 고등학교 선택을 어떻게 하면 좋은지는 고등학교 선택 단원에서 설명하고 있으니 꼭 참고하자.

3) 자기주도학습전형에 대한 간단한 설명

특목, 영재, 자사고에 진학하려는 것처럼 생활하려면 어떻게 해야 하는지 그 방법을 간단하게 설명한다. (☞자세한 설명은 고교입시 단원 참조)

(1) '자기주도학습전형'이 무엇인지 알아야 한다

입시가 있는 고등학교에서 학생을 선발하는 방식의 명칭을 '자기주도학습전형'이라고 한다. 외고, 국제고, 과학고, 자사고 등에서는 자기주도학습전형으로 학생을 선발한다. 영재학교는 선발 과정 단계 중에 자기주도학습전형이 포함되어 있다고 이해하면 된다.

자기주도학습전형은 성적만으로 학생을 선발하던 방식에서 벗어나서 학습 능력, 탐구 능력, 활동 능력, 자기주도성, 인성 등을 평가해서 선발하는 방식이다. 간단하게 얘기하면 성적과 비교과 활동 기록으로 학생을 선발한다. 즉, 정량적인 성적 외에도 정성적인 부분을 고려하여 학생을 선발하는 것이다. 그래서 자기주도학습전형에 대한 준비를 하려면 자기주도학습전형에서는 학생을 어떻게 평가하는지 알아야지 필요한 것을 준비할 수 있다.

(2) 진로방향 선택

자기주도학습전형에서는 진로방향을 정하는 것이 중요하다. 구체적이진 않더라도 대략적인 방향은 정해야 한다. 중학교 때 진로방향을 선택해야 한다고 얘기하면 반대 의견도 많을 것이다. 나중에 설명하겠지만 진로방향을 언제 선택해야 하는지 정답은 없다. 하지만 진로방향을 정하지 않으면 진학에서는 불리해지는 것은 분명하다. (☞ 용어설명 단원 : 진로와 진학 구분하기 참조)

(3) 입시에 도움이 되는 비교과 활동을 경험해봐야 한다.

- 모든 비교과 활동이 입시에 도움이 되는 것이 아니다.
- 도움이 되는 비교과와 도움이 되지 않는 비교과를 구분할 수 있어야 한다.
- 도움이 되는 비교과를 구분하지 못하면 비교과 활동을 하느라 에너지와 시간만을 소비하게 된다.
- 비교과 활동을 할 때는 시간 분배에 따른 시간 절약이 중요한데 여러 번 해보면 시간 절약하는 방법을 알게 된다.
- 어떤 비교과 활동이 입시에 도움이 되는지 정답은 없다.
- 같은 활동도 어떻게 하는가에 따라서 평가가 달라진다.

⑷ 입시에 도움이 되는 비교과를 생활기록부에 기록될 수 있도록 해봐야
　　한다

- 비교과 활동을 한다고 모두 생활기록부에 기록되는 것이 아니다.
- 생활기록부에는 교사가 기록하므로 생활기록부 기록 기준을 잘
　알아야 한다.
- 비교과 활동을 시작하기 전에 어떤 비교과 활동을 어떻게 할 것이
　며 이 비교과 활동은 생활기록부에 어떤 절차로 어떻게 기록되는
　지 전체적인 흐름을 이해하고 있어야 편안한 마음으로 할 수 있게
　된다.

2. 보이지 않는 출발선: 초등학생 시기의 체험 활동

※ 참고하세요: 커리어넷, 워크넷

필자는 초등학생 시기를 진로진학에서 가장 중요한 시기로 생각한다. 학생들을 상담해보면 초등학생 때 다양한 체험 활동을 해본 학생들이 중·고등학생 때 진로진학에서 준비가 잘 되어 있는 것을 많이 본다. 그런 의미에서 초등학생 때 다양한 체험을 해본 경험은 앞의 출발선에서 출발하는 유리한 상황을 만들어 준다.

1) 초등학생 때 다양한 체험을 많이 해본 학생들의 특징

- 자기주도적 성향이 높다.
- 관심 분야의 진로 로드맵을 직업단계까지 이해하고 있다.
- 부모님과 소통이 잘 되고 있어서 진로 선택에 유리하다.
- 공부해야 하는 목적을 알고 있어서 성적이 좋은 경우가 많다.

- 일의 진행에서 기승전결을 잘 알고 있어서 효율적으로 활동한다.

2) 다양한 체험을 초등학생 때 해야 하는 이유

⑴ 시간의 여유

중학생만 되어도 시간이 부족해진다. 시간에 쫓기면 제대로 된 체험 활동을 하기 힘들기 때문에 시간 여유가 있을 때 하는 것이 좋다. 체험 활동도 경험의 누적이 필요하다. 경험을 하면서 시행착오를 겪어봐야 하고 그러한 시행착오를 통해서 활동의 수준이 높아진다. 그렇게 하려면 시간이 많이 필요하다. 다양한 체험 활동을 초등학생 때 해야 하는 이유는 중고등학교에 비해 시간이 많기 때문이다.

그래서 시간의 여유가 있는 초등학생 때 다양한 체험을 하면서 시행착오를 겪어본 학생들이 중학생이 되면 입시에 도움이 되는 수준 높은 비교과 활동을 잘할 수 있다. 입시에 도움이 되는 수준 높은 비교과 활동을 잘할 수 있으니 입시에 유리하게 된다. 그렇게 고등학교에 진학한 학생이 앞의 출발선에 있게 될 확률이 높아진다.

⑵ 활동의 습관 형성

초등학생 시기는 경험하는 것들을 잘 흡수하는 시기이다. 마치 도화
지처럼 그 경험들을 그대로 흡수한다. 그래서 의미있는 경험을 다양하
게 할 수 있도록 해주어야 한다. 초등학생 시기는 장단점이 크게 드러
나지 않으므로 친구들과 조금이라도 다른 특성이 보이면 그것에 몰두
하는 경우가 많다. 다양한 활동을 통해서 학생의 특성을 찾을 수 있고
그것에 몰두해보는 좋은 습관이 형성되는 시기이다.

◆ 초등학생의 체험 활동에는 부모님의 역할이 중요하다

- 부모가 보여주는 세상이 메뉴판이고 자녀들은 그 메뉴판에서 진로를 선택한다.
- 자녀들에게 부모님은 가장 중요한 진로 가이드이다.
- 부모에게는 관심이 없고 재미없는 곳이라도 자녀를 위해 체험 장소로 선택하자.
- 의식하지 않으면 이공계 관련 체험은 잘 하지 않게 되므로 의도적으로 챙겨서 할 필요가
  있다. 직업에 대한 관심과 흥미는 주변에서 많이 볼 수 있거나 TV 등의 매체에서 많이 자
  주 보이는 직업에서 많이 생긴다. 그런데 대부분의 학생들은 주변이나 TV에서 이공계 관
  련 직업을 보기가 쉽지 않다. 그래서 직업 선택의 메뉴판에 불균형이 생긴다. 의식적으로
  이공계 관련 체험을 해서 메뉴판의 균형을 갖추도록 하자.

3. '중생진취'에 대한 설명

"중학교 생활기록부로 진학하고 취업한다."라는 제목이 궁금하여 이 책을 펼쳤을 것 같다. 제목을 읽으면 아래와 같은 생각이 들 것 같다.

- 대학입시에 중학교 생활기록부는 반영되지 않는데, 중학교 생활기록부를 잘 작성했다고 대학입시에 왜 유리하다고 하는 걸까?
- 중학생 때의 생활기록부가 회사 취업에도 영향을 준다니 말이 되나?

"중학교 생활기록부로 진학하고 취업한다."의 의미는 중학생 때 비교과 활동을 하여 생활기록부에 기록해본 경험이 있는 학생은 고등학생이 된 후에 중학교 때의 경험으로 좋은 비교과 활동을 하고 생활기록부에 기록해서 대학입시의 학생부종합전형에 유리하게 된다는 것이다. 그리고 학생부종합전형으로 대학에 입학한 학생은 대학 전공이 본인과 잘 맞을 확률이 높다. 그래서 대학 전공 공부를 열심히 할 확률도 높으므로 취업의 직무중심채용에 유리해진다. 결론적으로 중학교 때 고입에 도움이 되는 비교과 활동을 하고 생활기록부에 기록도 해본 학생이 취업의 직무중심채용에 유리하다는 것이다. 그래서 "중학교 생활기록부로 진학하고 취업한다."라는 내용이 성립되는 것이다.

위의 내용을 도표로 표현해보았다. 밑에서부터 화살표 방향을 따라서 위쪽으로 진행되어 가는데 아래쪽이 위쪽에 영향을 주는 상황이므로 아래쪽이 준비가 잘 되어 있으면 위쪽에서도 유리하게 된다. 그렇지 않고 아래쪽에서 준비가 되어 있지 않으면 위쪽으로 올라갈 수 없거나 올라가더라도 불리한 상황이 되는 것을 표로 표현한 것이다.

취업에서는 대학 전공 공부를 열심히 한 대학생들이 직무중심채용에 유리하여 취업을 잘 한다.

⇧

대학생 때 대학 전공이 잘 맞아서 전공 공부를 열심히 한다.

⇧

고등학생 때 좋은 비교과 활동을 선택할 수 있는 시각을 가져서 대학입시의 학생부종합전형에 유리하게 된다.

⇧

중학생 때 입시에 도움이 되는 비교과 활동을 하여 생활기록부에 기록하는 경험을 한다.

앞에서 설명한 것은 그렇다는 사실만을 설명한 것이지 왜 그렇게 되는지는 설명하지 않았기 때문에 이해하기는 쉽지 않을 것 같다. 예를 들면 아래와 같은 지식이 있어야지 이해할 수 있는 내용이기 때문이다.

- 비교과 활동이 뭐지?
- 비교과 활동은 생활기록부에 어떻게 기록되는 걸까?
- 대학입시의 학생부종합전형이 무엇일까?
- 취업의 직무중심채용이 무엇일까?
- 학생부종합전형으로 입학하면 왜 대학 전공이 본인과 잘 맞을 확률이 높다고 하는 것일까?

뒤의 고교입시, 대학입시, 취업에 관한 설명을 읽은 후 "3. 중생진취에 대한 설명"을 다시 읽어보기를 권한다. 왜 "중학교 생활기록부로 진학하고 취업한다"가 성립하는지는 고입-대입-취업의 연결고리를 이해하면 알 수 있을 것이다.

4. 고등학생들에게 해주고 싶은 얘기

이 책을 쓰면서 걱정되는 것은 고등학생들이 지금의 내용을 읽고 본인의 상황에 대해 실망하여 희망을 잃고 무기력해지는 것이다. 이 책에서 고등학생들에게 하고 싶은 얘기는 현재 본인에게 벌어지고 있는 상황을 정확하게 이해하고 자극을 받아서 지금부터는 불리한 상황을 만들지 말라는 것이다. 늦었다고 생각할 때가 가장 빠른 때라는 말이 있다. 시간이 더 지났을 때 지난 시간을 뒤돌아보면서 그때라도 할 걸 왜 하지 않았을까 후회하는 경우가 많다.

지금 고등학생인데 진로방향이 정해져 있지 않아서 전혀 비교과 활동을 할 수 있는 준비가 되어 있지 않다면 불리한 상황인 것은 맞다. 하지만 지금의 상황을 해결할 방법은 분명히 있다. 단, 혼자 고민하지 말고 해결 방법을 잘 알고 있는 전문가와 상담하는 것이 꼭 필요하다. 그 전문가는 학생들의 학교에 많이 계시는 선생님들이다. 지금 고민되는 것을 학교 선생님 두 분 이상에게 상담해 볼 것을 권한다. 한 분에게만 상담을 해도 되지만, 학생의 상황을 판단하는 시각은 다양할 것이므로 두 분 이상의 선생님께 상담하면 더 좋은 방법을 찾을 수 있을 것이다.

학년별로 상황이 다를 것이므로 구분해서 설명해보자. 학생의 수만큼 상황도 다양해서 도움의 얘기를 해주는 것이 쉽지 않다. 그래서 일반적인 경우로 설명해보겠다.

고등학교 1학년	아직 시간은 충분하다. 다만 진로방향을 정하는 것이 중요하다. 아직 1학년 생활기록부에 기록할 시간이 남아 있고, 생활기록부의 1학년 내용이 조금 부족하게 되더라도 2학년에 어떻게 하느냐에 따라서 1학년 때 기록해 놓은 내용이 큰 도움이 되는 경우도 많다. 현재 진로방향이 정해져 있지 않은 상태라도, 그나마 가장 하고 싶은 직업 분야가 있을 것이다. 그 분야를 진로방향으로 정해야 한다. 그리고 그 직업 분야와 연결된 대학 학과와 관련된 비교과 활동을 해야 한다. 비교과 활동에 관한 내용은 이 책을 참고하도록 한다. 나중에 진로방향이 바뀔 것을 걱정하지는 마라. 현재 할 수 있는 것에 최선을 다하고 생활기록부에 기록해 두면 된다. 이 책에 중학생 때 고교입시를 경험해보지 않은 학생들은 진로진학 상담의 중요성을 잘 모른다는 내용이 있다. 그러므로 반드시 학교 선생님에게 진로진학 상담을 받아보도록 하라.
고등학교 2학년	지금 즉시 학교 선생님과 진로진학 상담을 갖도록 한다. 그 상담의 결과에 따라서 이후의 과정을 진행하는 것이 최선일 것 같다. 학생들의 상황이 다양해서 여기에서는 뭐라고 설명하기 어렵다. 그리고 진로방향이 명확하게 정해져 있지 않은 학생이라면 어떤 대입전형으로 진학하려고 계획하는 것과는 상관없이 2학년 겨울방학에는 잠시라도 진로방향을 고민하는 시간을 가져야 한다. 왜냐하면 결국은 대입 원서를 쓸 때가 되면 어떤 학과에 원서를 넣어야 하나 고민하는 시간을 가져야 하기 때문이다. 그런데 수시모집은 9월에 원서를 쓰는데 수능이 2개월밖에 남아 있지 않은 시기인데 진로방향을 고민할 시간은 없다. 그래서 겨울방학에 미리 고민하라는 것이다.

이 설명을 읽고 본인이 불리한 상황에 있다고 고민하는 고등학생들이 해결 방법을 찾아갈 수 있으면 좋겠다. 지금까지 설명한 내용의 핵

심은 상담을 해보라는 것이다. 혼자 고민하지 말고 상담을 통해서 방법을 찾기를 바란다. 학생이 필자 앞에 있다면 해결 방법을 찾아주고 싶은데 그렇게 할 수 없는 상황을 아쉬워하면서 이 책을 통하여 조금은 도움이 되었으면 좋겠다.

5. 고입-대입-취업의 연결고리를 이해하자

"중학교 생활기록부로 진학하고 취업한다"(중생진취)를 이해하려면 고입-대입-취업의 연결고리를 이해해야 한다. 고교입시, 대학입시, 취업에는 활동 경험을 평가해서 선발하는 방식이 공통적으로 존재한다. 다르게 표현해보면 고입-대입-취업의 연결고리는 활동 경험을 평가해서 선발하는 방식이 공통점이라서 처음의 활동경험 덕분에 계속 유리해지는 것이다. 여기서 공통된 연결고리가 무엇인지 조금 더 설명이 필요하겠다.

③ 취업	직무중심채용 (적어도 90%)	공무원 약 2%

⇧

② 대입	학생부종합 (학생부교과전형 중 일부 포함) 26%	비교과 평가 없는 대입전형 74%

⇧

① 고입	자기주도학습전형 준비 경험자 약 10%	비교과 활동 없이 고등학교 진학 90%

앞의 도표에서 색깔이 칠해진 부분이 고교입시, 대학입시, 취업의 공통된 부분이고 고리로 연결되어 있다. 색깔이 칠해진 부분의 공통점은 활동 경험을 평가해서 선발하는 전형 또는 채용이다. ①②③에 해당하는 설명을 보자.

① 고교입시에서는 비교과 활동이 포함되는 자기주도학습전형의 모집인원이 중학교 졸업하는 인원의 4.8% 정도가 된다. 4.8%는 특목고, 자사고, 영재고의 모집 인원이며, 자기주도학습전형은 그 학교들이 학생을 평가하는 입시 방법의 명칭이다. 자기주도학습전형에서는 비교과 활동이 중요하게 평가된다. 자기주도학습전형의 전체 평균 경쟁률이 2:1 정도가 되어 입시를 위한 비교과 활동을 준비해본 학생은 중학생의 10% 정도가 된다. 그래서 비교 대상인 학생, 즉 입시를 위한 비교과 활동을 해보지 않은 학생이 90% 정도 된다고 할 수 있다.

② 대학입시에서는 비교과 활동이 기록된 생활기록부를 평가하는 학생부종합전형과 비교과 활동이 조금 포함되는 학생부교과전형을 합치면 대학입시 전체 모집의 26% 정도가 된다. 나머지 모집인원이 74% 이므로 26%는 작은 비율로 보일 수 있겠지만, 대학입시의 구조를 이해하게 되면 26%의 모집인원이 대단히 중요하다는 사실을 알게 된다.

대학입시 모집인원의 26%는 전공적합성을 중심으로 한 비교과 활동 경험이 생활기록부에 기록되어 있어야 합격될 확률이 높아진다. 학생부종합전형의 비교 대상이 되는 비교과 평가가 포함되지 않는 74%는 내신성적, 논술, 수능성적, 실기를 반영하는 방식이다.

비교과 평가가 포함되지 않는 대입전형으로 진학하는 학생 중에는 진로방향에 대한 탐색을 제대로 하지 않은 상태에서 대학 전공학과를 선택하는 학생의 비율이 학생부종합전형보다 높다. 대학 진학 후 전공학과에 흥미를 느끼지 못하는 학생들은 전공 관련 활동의 부족으로 현재의 취업 방식에서 불리해지는 경우가 많다.

③ 취업에서 시험으로 선발하는 방식은 공무원이 대표적일 것 같다. 공무원 채용 비율이 전체 취업 채용의 약 2% 정도이고 나머지 일자리는 활동 경험과 지식을 갖추어야 취업할 수 있는데 비율이 어느 정도인지 설명하기 애매하니 그냥 많다(90%)고 하자. 즉 일자리의 대부분은 시험으로 채용하는 것이 아니라 해당 일자리에서 일을 잘 할 수 있는 능력인 활동 경험과 지식을 평가하여 채용한다는 의미이다.

취업의 대부분은 업무에 필요한 활동 경험과 지식을 요구하고 있으며 그러한 채용 방식을 직무중심채용이라고 한다. 회사들은 채용 방식이 다양해서 정확한 통계를 내는 것은 쉽지 않다. 그래서 시험 이외의 다른 방식을 활동 경험이라고 분류해봤다.

표에서 중요한 것은 ①-②-③을 연결해서 이해하는 것이다. 즉, ①고입-②대입-③취업을 연결해서 이해해야 한다는 것이 이 책의 핵심이다. 고입, 대입, 취업을 따로 이해하게 되면 각각의 단계에서는 열심히 하는데 뒤 단계에 도움이 되는 것을 하지 못하게 된다. 반면에 고입-대입-취업을 연결해서 이해하면 앞 단계에서 노력한 것이 뒤 단계에 도움이 되고 또 그다음 단계에도 도움이 된다. 같은 노력을 했음에도 그 결과는 매우 다른 효과로 나타난다.

⑴ ①고입-②대입을 연결해보자

표에서는 중학생 때 고교입시의 자기주도학습전형을 준비해본 학생이 고등학생이 되면 대학입시의 학생부종합전형 준비에 유리하다는 것을 얘기하고 있다. 즉, 비교 대상인 자기주도학습전형을 준비해보지 않은 학생들과 비교하여 대학입시의 학생부종합전형에 유리하다는 것이다. 그리고 대학입시에서 학생부종합전형으로 대학을 진학한 학생들이 대학에서 전공학과 공부에 비교적 더 흥미를 가지고 더 열심히 공부한다는 것이다.

⑵ ②대입-③취업을 연결해보자

표에서는 학생부종합전형으로 대학을 진학한 학생들이 취업의 직무중심채용에 적합하다는 것을 얘기하고 있다. 학생부종합전형으로 대학을 진학한 학생들은 전공학과에 관심도 많고 적성이 맞아서 전공 공부를 열심히 할 확률이 높다. 현재 취업의 방식은 해당 일자리에서 일을 잘하는 능력으로 채용하는 직무중심채용이라고 설명했다.

해당 일자리에서 일을 잘하는 능력은 대학 전공학과와 관련이 있다. 대부분 기업은 해당 직무와 관련된 전공 졸업자를 선호하기 때문이다. 그러므로 졸업 후 본인이 희망하는 직무로 취업하기 위해서는 대학 전공 공부와 관련 경험을 많이 하는 것이 중요하다.

대학생들이 전공학과에 적성이 맞지 않아서 고민한다는 얘기를 많이 한다. 실제로 중간에 전과를 하거나 다시 시험을 쳐서 다른 학과로 가는 학생들이 많다. 본인의 전공과 적성이 맞지 않으면 전공 공부를 열심히 할 수 없다. 그렇게 되면 직무중심채용에 도움이 되는 전공 관련 활동과 공부를 하지 않아서 취업에 불리하게 된다.

반면에 학생부종합전형으로 입학한 학생은 고등학교 때 전공 분야를 정하고 관련된 비교과 활동을 하면서 해당 전공이 본인의 적성에 적합할지 조금은 고민을 해보고 경험도 해봤다.

그래서 학생부종합전형으로 대학을 진학한 학생은 본인의 전공을 열심히 할 확률이 높다. 당연히 전공 공부에 흥미를 가지고 열심히 했을 것이고 필요한 전공 관련 활동도 했기 때문에 취업할 때 직무중심채용에 유리해진다.

(3) ①고입-②대입-③취업을 연결해보자

자기주도학습전형을 준비해본 경험이 있는 10% 정도의 학생들이 대학입시의 학생부종합전형에 유리하고 대학 졸업 후 취업시장 대부분을 차지하는 직무중심채용에도 유리하다고 할 수 있다. 즉, 자기주도학습 전형을 준비해본 경험이 있는 학생들이 취업의 직무중심채용에 유리하게 된다는 것으로 연결할 수 있다.

총정리하면 "중학교 때 자기주도학습전형을 위한 비교과 활동을 해본 학생이 대입·취업에서도 계속 유리한 위치에 있게 된다"는 것이다. 글자 수를 줄이면 "중학교 비교과 활동으로 진학하고 취업한다."가 된다. 그래서 책 제목이 『중학교 생활기록부로 진학하고 취업한다』가 되었다.

6. 진로와 진학을 구별하자

입시와 취업을 이해하려면 '진로'와 '진학'을 구별하는 것이 필요하다. 진로와 진학을 구별해야 진로 준비도 잘할 수 있고, 진학 준비도 잘 할 수 있으며, 더 나아가 취업 준비도 원활히 수행할 수 있기 때문이다.

1) 진로와 진학의 사전적 의미

- 진로: 한 사람이 태어나서 죽을 때까지의 모든 것
- 진학: 상급 학교로 올라가는 것

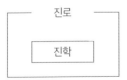

2) 진로와 진학 구분의 필요성

사전적 의미로는 진학은 진로에 포함되므로 진로와 진학을 따로 떼서 구분하는 것은 애매하다. 그런데 '진로'와 '진학'을 구별해서 이해해야 이유는 학생들이 진로와 진학을 구별하지 못해서 진로와 진학에 관한 준비를 하지 못하거나 잘못된 준비를 하기 때문이다. 아래의 예시를 보자.

〈예시〉 학생에게 조언을 해주는 상황을 생각해보자

한 고등학생이 A, B 두 사람에게 "소설가가 되고 싶은데 어떻게 해야 하나요?"라고 물어봤다.

▷ 진로에 해당하는 예시 조언

A: 소설가 박완서는 40세라는 늦은 나이에 등단하여 유명 작가가 되었다. 소설가 직업은 박완서 작가처럼 나이와 상관없이 언제든지 할 수 있으니 고등학생 때는 열심히 공부하면서 책도 읽으라고 얘기했다.

▷ 진학에 해당하는 예시 조언

B: 소설가가 되려면 문예창작과에 가면 좋은데, 문예창작과는 대학입시에서 실기 전형으로 모집하는 인원이 많기 때문에 고등학생 때 실기 준비를 하는 것이 좋다.

A, B 중 어느 사람의 얘기가 옳은 것 같은가? 정답은 없다.

진로의 개념으로는 A가 옳다고 할 수 있고, 진학의 개념으로는 B가 옳다고 할 수 있을 것이다. 그런데 학생들은 A, B 중 어느 사람의 얘기를 더 좋아할까? 통계가 있는 것은 아니지만 학생들을 상담해 본 경험으로는 당장은 학교 공부도 벅찬데 실기 준비도 하는 것이 부담스러워 A 쪽을 선택하는 학생들이 더 많은 것 같다.

그런데 A의 조언을 선택한 학생들은 실기 준비를 제대로 못 했기 때문에 문예창작과의 실기시험에서 좋은 점수를 받기 어렵게 된다. 그리고 문예창작과의 비실기 전형은 예상외로 성적 커트라인이 높다. 그래서 A 학생은 대학입시에서 문예창작과로 진학하는 것이 쉽지 않게 된다. 소설가가 되기 위해서 문예창작과에 가야 하는 것은 아니지만 모든 직업의 전문성이 높아지는 요즘 상황에서 실기시험에 합격하지 못하는 것은 아쉬운 느낌이다.

반면에 B의 조언을 선택한 학생은 실기시험 준비를 일찍 시작할 수 있어서 문예창작과의 실기시험에서 좋은 점수를 받기에 유리해진다.

이처럼 학생들에게는 진로와 진학을 구분해서 조언해 주어야 한다. 주변에서 학생들에게 너무 쉽게 한쪽으로 치우친 조언을 해주는 경우가 많은데 학생들에게 조언해 줄 때는 조심해야 한다. 학생들은 의외로 주변의 어른이 해주는 조언을 맹목적으로 따라 하는 경우가 많기 때문이다. 학생들도 당장 본인에게 유리한 것만을 귀담아듣지 않고 본인 스스로 진로와 진학의 개념을 구분하려는 노력이 필요하다.

3) 진로방향 선택에서 진로와 진학의 차이

중·고등학생 때 진로방향을 정하는 것은 너무 빠르다는 의견에 대하여 생각해보자.

- 진로의 개념으로는 그 의견이 맞을 확률이 높다.
- 진학의 개념으로는 그 의견은 틀릴 확률이 높다.

위 소설가의 예시에서 설명했듯이 진로의 개념으로는 중·고등학생 때 진로방향을 정하는 것이 너무 빠르다는 의견이 옳을 수 있다. 하지만 진학의 개념으로도 옳은 의견이라고 생각되지는 않는다. 진학의 개념으로는 진로방향을 정하는 것이 꼭 필요하다. 진학은 교육부나 대학교에서 정해놓은 대학입시 방식이 있다. 대학입시 방식에 따라서는 진로방향을 정하는 것이 꼭 필요한 것이 있다. 그런 대학입시 방식에서는 진로방향을 정하지 않으면 대학입시에서 불리하게 된다.

더 큰 문제는 진로방향을 정하지 않은 학생이 취업에도 불리해질 확률이 높아진다는 것이다. 고입, 대입, 취업이 연결되어 있는 구조이므로 한번 불리하면 계속 불리할 가능성이 높아진다. 불리함을 끊기 위해서는 각 단계에서 필요한 것과 다음 단계에서 필요한 것을 연결하려고 노력해야 한다.

아직 고교입시와 대학입시에 대한 지식이 부족하면 지금 설명이 이해가 잘 안될 수 있겠다. 그래서 지금은 진로방향을 정해야 하는 나이가 있는 것은 아니지만 현재의 입시구조에서는 진로방향을 정하지 않으면 대학입시와 취업에서 불리해질 수 있다는 사실을 들은 적 있다는 정도만 기억하자. 그리고 진로방향을 정하는 것이 앞으로의 입시에서는 점점 더 중요해질 것으로 예상된다는 것도 기억하도록 하자.

반드시 기억하자! 중고등학생들에게 진로진학의 결정에 대해 조언해주려면 반드시 진로와 진학의 상황을 구분해야 한다. 학생들도 진로진학에 대한 결정을 할 때 진로와 진학의 상황을 모두 따져보고 결정하자!

7. 입시 용어 설명

입시를 이해하려면 입시 용어를 아는 것이 필요하다. 입시 용어는 평소에 잘 사용하지 않는 경우가 많아서 미리 공부할 필요가 있다.

1) 상대평가와 절대평가

상대평가와 절대평가는 성적 등을 평가할 때 어떤 방식으로 평가할 것인지에 차이가 있다. 상대평가와 절대평가는 각각 장단점이 있고, 사용되는 목적이 달라서 어느 것이 좋다고 할 수는 없다. 중요한 것은 상대평가와 절대평가가 각 상황에서 나에게는 어떤 영향을 주는가를 이해하고 필요한 것을 미리 준비해야 한다는 것이다.

어렴풋하게는 아는 것 같은데 정확히 구분할 줄 알아야 입시를 이해할 수 있으므로 설명을 읽어보고 정확하게 구분하자.

(1) 상대평가와 절대평가의 구분

구분	상대평가	절대평가
정해져 있는 값	인원수	점수
중요한 부분	등수	점수
경쟁에 대한 압박	큰 편	적은 편
예시	고등학교 1학년 내신 공무원 시험 수능 등급제	중학교 내신 운전면허 시험 한국사능력검정시험

- 상대평가는 상대방 사람이 중요하다. 상대방 사람에 따라서 내가 결정되는 것이다. 예를 들어서 수능 등급제의 1등급은 전체 인원의 4% 안에 포함되어야 한다. 내가 아무리 시험을 잘 쳤어도 4% 안에 포함되지 않으면 1등급을 받을 수 없다.
- 절대평가는 점수가 중요하다. 점수의 기준에 따라서 나의 점수의 위치가 결정되는 것이다. 90점 이상이 1등급이라면 몇 명과 상관없이 90점 이상이면 1등급이 된다.

① 중·고등학교 성적에서의 상대평가와 절대평가

※ 참고 : 새로운 대입제도 발표(2023월 10월 10일)
- 2025년부터는 고등학교는 전과목 5등급 상대평가로 변경된다.
- 2025년부터는 1등급 인원이 10%로 변경된다.

- 변화의 영향 : 변별력이 낮아져서 비교과의 중요성이 더 높아진다.

※ 이하의 모든 내용은 2024년까지에 해당된다.

학교 구분	해당 학년	과목 구분	평가 방법	성적 결과 표시	비고
중학교	전체	구분 없음	절대 평가	ABCDE	예) 90점 이상 A 80점 이상 B 등
고등 학교	고1	공통 과목	상대 평가	1~9등급	예) 4% 이내 1등급 11% 이내 2등급 등
	고 2·3	일반 선택	상대 평가	1~9등급	
		진로 선택	절대 평가	ABC	진로선택 과목: 80점 이상 A, 60점 이상 B, 60점 이하 C

- 절대평가의 목적은 학습 부담을 줄여주는 것이다.
- 예체능 과목은 별도로 한다.
- '절대평가'는 학교에서는 '성취도 평가'라고도 한다.

② 중학교 절대평가: 1, 2, 3학년

A	B	C	D	E
90점 이상	80점 이상	70점 이상	60점 이상	60점 미만

- 객관식, 서술형, 수행평가가 합쳐져서 내신성적이 만들어진다.
- 절대평가이므로 점수가 90점 이상인 학생들은 모두 A가 된다. 그런데 시험이 어려워 90점 이상이 한 명도 없으면 A가 한 명도 없게 되어 "선생님! 너무해요!"가 된다.
- 중학교 자유학년제나 자유학기제는 시험이 없어서 성적도 없다. 그래서 고교입시에서도 자유학년제나 자유학기제의 학년또는 학기는 빠진다.

③ 고등학교 보통교과 분류표

④ 고등학교 상대평가: 1학년 공통과목, 2, 3학년 일반선택 과목

등급	1	2	3	4	5	6	7	8	9
비율	4%	7%	12%	17%	23%	17%	12%	7%	4%
누적 비율	4%	11%	23%	40%	60%	77%	89%	96%	100%

- 과목 인원이 100명인 경우에는 4% 즉 4명 안에 포함되어야지 1등급을 받을 수 있다.
- 그런데 내가 99점을 받아도 100점이 4명이 있으면 나는 2등급이 되어 "교육부! 미워요!"가 된다.

⑤ 고등학교 절대평가: 2, 3학년 진로선택 과목

A	B	C
80점 이상	60점 이상	60점 미만

- 점수가 80점 이상인 학생들은 모두 A가 된다.
- 그런데 시험을 쉽게 출제해서 전체가 80점 이상이 되면 모두가 A가 되어 "선생님! 감사합니다!"가 된다.

⑥ 실제 중·고등학교 성적표

> ※ 중고등학교의 예체능 과목 성적은 제외하고 설명한다.

〈중학교 성적표〉

교과	과목	원점수/과목 평균	성취도(수강자 수)
국어	국어	87/60	B(210)

- 중학교 '국어'는 절대평가이다.
- ABCDE 중에서 점수가 87점으로 80점 이상에 해당되어서 B이다.

고등학교는 1학년과 2, 3학년의 성적표가 다르다. 1학년은 공통과목을 배우는데 상대평가이고, 2·3학년은 선택과목(일반선택, 진로선택)을 배우는데 일반선택은 상대평가이고, 진로선택은 절대평가이다.

중학교 절대평가와 고등학교 절대평가는 조금 차이가 있다. 중학교 절대평가는 ABCDE이고 고등학교 절대평가는 ABC이다.

고등학교 1학년의 성적은 아래와 같이 제공된다.

〈고등학교 성적표〉

교과	과목	단위 수	원점수/과목 평균 (표준편차)	성취도(수강자 수)	석차등급
국어	국어	4	87/77.1(11.8)	A(192)	2

- 고등학교 1학년 '국어'는 상대평가이다.
- 점수는 87점이고 석차 등급이 2등급이다.
- 다른 학생들 성적과의 상대적인 영향으로 87점은 11%이상~4% 미만에 포함되어서 석차 등급이 2등급이 되었다. 성취도는 과목 교사가 정해 놓은 절대평가 기준에 의한 결과이다.

고등학교 3학년의 성적은 아래와 같이 제공된다.

〈일반선택 과목〉

교과	과목	단위 수	원점수/과목 평균 (표준편차)	성취도 (수강자 수)	석차 등급
국어	화법과 작문	3	47/65(13.0)	C(169)	5

- 고등학교 3학년 '화법과 작문'은 일반선택 과목이며 상대평가이다.
- 점수는 47점이고 석차 등급이 5등급이다.
- 다른 학생들 성적의 분포를 알 수는 없지만 47점은 77% 이상 ~60% 미만에 포함되어서 석차 등급이 5등급이 되었다. 성취도는 과목 교사가 정해 놓은 절대평가 기준에 의한 결과이다.

〈진로선택 과목〉

교과	과목	단위 수	원점수 /과목 평균	성취도 (수강자 수)	성취도별 분포 비율
국어	심화 국어	3	83/68.3	A(138)	A(28), B(25), C(47)

- 고등학교 3학년 '심화 국어'는 진로선택 과목이며 절대평가이다.
- ABC 중에서 점수가 83점으로 80점 이상에 해당하여서 성취도 A에 속한다.

⑦ 상대평가와 절대평가에 대한 학습 전략

모든 시험에 최선을 다하는 것이 옳다. 그러나 전략적으로 특정 과목을 조금 더 열심히 해야 하는 경우가 있을 것이다. 그런 면에서 상대평가와 절대평가가 어떤 특징이 있는지 비교하는 것이 필요하다.

상대평가는 100점을 위해서 최선을 다해 공부해야 한다. 반면에 어떤 시험이 절대평가이고 A가 90점 이상인데 그 과목의 평소 실력이 100점 정도로 우수하다면 그 과목의 공부 시간은 조금 줄이고, 다른 과목의 공부 시간은 늘리는 것이 좋다. 모든 과목에 최선을 다하는 것이 옳지만, 같은 시간을 공부했을 때 효과가 더 큰 과목에 시간을 더 투자하는 것이 현명한 것 아닐까?

실제로 대학입시 수능시험에서 그러한 상황이 벌어지고 있다. 수능시험에서 영어와 한국사 과목은 다른 과목과 다르게 절대평가이다. 영어 과목은 2018년부터 90점 이상은 1등급, 80점 이상은 2등급과 같은 절대평가 방식으로 변경되었다.

영어 과목이 상대평가였다면 4%까지만 1등급을 받을 수 있다. 그러나 절대평가 방식인 2021 입시는 12.66%, 2022 입시는 6.25%, 2023 입시는 7.83%의 학생들이 1등급을 받을 수 있었다. 그래서 90점 이상을 받을 자신이 있는 학생들은 영어공부의 시간을 조금 줄이고 다른 과목의 공부 시간을 늘려서 공부하고 있다.

2) 정성평가와 정량평가

입시 설명에서 '정량평가'와 '정성평가'라는 용어가 많이 나온다. '정량평가'와 '정성평가'라는 용어가 익숙하지 않을 뿐이지 용어의 의미는 그렇게 어렵지는 않다.

아래의 표에서 정량평가와 정성평가를 구별해보자.

구분	정량평가	정성평가
수치화	가능	불가능
평가 대상	양	성질
평가 기준	명확함	명확하지 않음
예시	내신성적, 키, 몸무게	비교과평가, 성실함, 아름다움

┌ 정량평가는 "너는 나보다 키가 크다"처럼 평가 기준도 명확하고 결과도 명확하다.
└ 정성평가는 "너는 나보다 예쁘다"처럼 평가 기준도 애매하고 결과

도 애매하다.

┌ 정량평가는 시험성적처럼 평가 기준도 명확하고 결과도 명확하다.
└ 정성평가는 비교과 활동 평가처럼 평가 기준도 애매하고 결과도
　애매하다.

만일 평가의 종류에 정량평가만 있다면 정량평가라는 단어에 관심
이 없을 것이다. 그런데 정성평가가 있고 정성평가를 이해하기 어려워
서 반대 개념인 정량평가와 비교해서 설명하는 것이다. 정성평가는 반
드시 꼭 이해해야 한다. 정성평가를 이해하지 못하면 고교입시의 자기
주도학습전형과 대학입시의 학생부종합전형을 이해할 수 없고, 이 두
가지를 이해하지 못하면 고입·대입을 준비할 수도 없다.

"정성평가를 이해한다"는 의미는 정량평가와 비교해서 정성평가는
이러이러한 차이가 있구나를 이해하라는 것이 아니다. "정성평가를 이
해한다"는 의미는 고교입시의 자기주도학습전형에서는 정성평가를 어
떻게 사용하는지를 이해하라는 것이다. 마찬가지로 대학입시의 학생
부종합전형에서도 정성평가를 어떻게 사용하는지를 이해해야 한다.

정량평가인 성적은 숫자로 명확하게 표시되므로 평가·비교하기 쉽
다. 반면에 정성평가인 생활기록부의 비교과 평가는 오랫동안 생활기
록부의 비교과를 평가해본 전문가들은 평가·비교할 수 있지만, 학생과

학부모는 평가·비교하기 어렵다. 같은 정성평가이지만 고교입시의 자기주도학습전형과 대학입시의 학생부종합전형도 평가 방법이 서로 조금 다르다. 그래서 자기주도학습전형과 학생부종합전형의 정성평가를 이해한다는 것은 두 전형을 각각 공부하고 이해해야 하므로 쉬운 과정이 아니다.

입시에서 실시하는 정성평가를 명확하게 이해하는 것이 쉽지는 않지만, 어느 정도의 기준이 있기 때문에 그 기준을 이해하면 정성평가를 이해할 수 있다. 그래서 각 입시의 정성평가 방식을 이해하려면 그 기준을 이해하는 것이 가장 효과적이다. 고교입시와 대학입시의 정성평가가 어떤 방식과 기준으로 사용되고 있고 입시를 위해서는 어떤 방식으로 준비해야 하는지를 이해할 수 있어야 앞의 출발선에서 출발할 수 있게 된다.

입시에서 정성평가로 평가되는 것들은 학생들이 준비하는 것도 쉽지 않지만, 평가자들이 평가하는 것도 쉽지 않다. 당연한 얘기이지만 입시에서 평가자들의 평가는 객관적이고 공정해야 한다. 그래서 평가자들의 주관적인 평가를 최대한 줄이기 위하여 평가표와 같은 명확한 표를 활용하는 경우가 많다. 정성평가에서 평가표가 너무 상세하면 정성평가의 장점이 줄어들므로 상세하지는 않지만 평가표와 비슷한 형식으로 사용한다.

그러므로 정성평가인 입시를 준비할 때 평가표를 잘 이해하면 입시 준비의 효율이 높아진다. 참고로 학교에 따라서 달라지지만 대학입시의 학생부종합전형보다 고교입시의 자기주도학습전형의 평가표가 상세한 경우가 많다.

뒤쪽의 고교입시와 대학입시 단원에서 자기주도학습전형과 학생부종합전형을 설명할 때 정성평가에 대하여 구체적으로 설명할 것이니 꼭 읽어보기를 바란다. 정성평가로 평가하는 입시는 제대로 설명하는 여러 강사의 강의를 들어보는 것을 추천한다. 정성평가는 단편적이지 않고 복합적으로 평가되는 것이므로 여러 사람의 시각으로 분석하는 것이 좋다. 한 사람의 설명만 들으면 자칫 편협한 비교과 준비가 될 수도 있기 때문이다.

3) 교과와 비교과를 구별해보자

고교입시와 대학입시를 설명할 때 교과와 비교과라는 단어를 많이 사용하므로 교과와 비교과를 구별할 수 있어야 한다. 교과와 비교과를 구별해야 하는 이유는 비교과를 정확하게 이해하기 위함이다.

① 가장 간략하게 구별해보자

┌ 교과: 성적(내신 성적)
└ 비교과: 생활기록부에서 교과(성적)를 제외한 나머지 내용

- '교과'의 단어적 의미는 국어, 영어, 수학과 같은 과목을 뜻한다. 과목이라는 의미에서 '과목의 시험성적'으로 변화된 것 같다. 그래서 고입·대입에서 사용되는 '교과'의 의미는 '성적 또는 내신성적'으로 이해하면 된다.
- 비교과는 생활기록부에서 교과를 제외한 나머지 내용이다. 이렇게 설명하면 생활기록부를 이해하는 것이 필요할 것 같으나 일단은 넘어가겠다.

교과와 비교과를 구별할 때 애매한 것이 한 개 있다. 요즘 중·고등학교에는 수행평가라는 것이 있다. 수행평가에 대하여 예를 들어 설명하면 어떤 과목의 성적이 100점 만점일 때 시험에서 객관식 50점. 주관식(서술식) 20점으로 70점 만점이 되고, 수행평가를 30점으로 해서 총 100점 만점이 되는 형태이다. 이때 수행평가는 실험보고서 작성, 만들기, 발표, 팀 과제 등 다양한 활동적인 방식으로 평가한다.

수행평가의 점수는 교과에 해당하고, 수행평가의 개인적인 활동에 대한 내용은 생활기록부에 기록되어서 비교과에 해당하게 된다. 즉, 수행평가는 교과와 비교과에 모두 해당이 되므로 중요한 활동으로 생각

해야 한다.

② 시각적으로 구별해보자

학교생활기록부

교과 (=내신성적)	비교과

⇦ 생활기록부는 교과와 비교과로 되어 있다.

③ 생활기록부를 펼쳐서 교과와 비교과를 구분해보자

〈학교생활기록부의 항목들〉

① 인적사항

② 학적사항

③ 출결상황

④ 수상경력

⑤ 창의적체험 활동상황

⑥ 교과학습발달상황(㉠교과성적, ㉡세부능력 및 특기사항)

⑦ 독서 활동상황

⑧ 행동특성 및 종합의견

⑨ (중학교)자유학기 활동상황

⑩ (고등학교)자격증 및 인증취득상황

초·중·고 생활기록부가 조금씩 다르지만 대체로 위와 같은 항목으로 구성되어 있다. 여기에서 "⑥교과학습발달상황의 ㉠교과성적"만 교과에 해당하고 이를 제외한 나머지 모든 부분이 비교과에 해당한다. 눈으로 보며 구분할 수 있는 설명이라서 어렵지 않게 이해될 것이다.

교과는 성적을 의미하므로 다른 설명이 없어도 이해하기 쉽다. 반면에 비교과는 각각의 항목에 대한 설명이 있어야 이해할 수 있다. 여기에서는 교과와 비교과를 구분하는 것으로 만족하자. 비교과 각각에 대한 구체적인 설명은 뒤에서 하도록 하자.

4) "2023년도"와 "2024 대학입시" 구별

별것 아닌데 헷갈리게 하는 것이 있다. 올해가 2023년인데 올해의 대학입시를 "2024 대학입시"라 부른다. 그렇게 부르는 이유는 2024년에 대학교에 입학할 신입생을 뽑는 대학입시를 2023년에 진행하기 때문이다. 즉, 고등학교 기준이 아니라, 대학교를 기준으로 2024 대학입시라고 부른다. 고등학교 입시도 올해의 입시를 2024 고등학교 입시라고 부른다.

그런데 2023년도에 대학입시를 "2024 대학입시"라고 부른다는 것을 아는 것은 매우 중요하다. 왜냐하면 대학입시 방식은 매년 조금씩 바뀌는데, 연도가 맞지 않는 대학입시 정보를 활용하면 큰 실수를 범할 수도 있기 때문이다. 그런 경우가 있을까 생각되겠지만 실제로 그런 실수를 하는 경우가 매우 많다. 인터넷에 올려져 있는 입시정보에도 그런 실수를 하는 경우를 많이 본다. 그러므로 입시정보를 확인할 때 연도를 꼭 확인하자.

그래서 중요한 입시정보는 해당 학교의 홈페이지에서 정보를 꼭 확인해야 한다. 입시가 있는 고등학교, 대학교는 홈페이지에 일반적으로 '모집요강'이라는 제목으로 입시정보를 공개하고 있다. 모집요강에 있는 내용이 이해되지 않으면 해당 학교에 전화해 문의하면 친절하게 답변해준다.

5) 수능 최저등급(수능 최저) 기준

① 의미

'수능 최저등급'은 대학입시에만 있는 용어이다. 수능성적은 정시 수능전형에만 사용된다고 아는 경우가 많은데 수능성적은 수시에도 활용된다.

㉠ 수능 최저등급은 수능성적을 수시모집에 활용하려고 각 대학이 정해놓은 기준이다.

ⓛ 기준은 대학교에 따라 다르고, 같은 대학에서도 계열 및 학과에 따라서도 다르다.
ⓒ 수능에서 정해진 수능 최저등급 기준 이하의 성적을 받으면, 다른 성적과 상관없이 자동 탈락이다.

수능 최저등급을 통과하지 못하면 자동탈락되므로 수능 최저등급은 대학입시에서 매우 중요하다. 실제로 대학입시에서 각 대학의 논술전형의 수능 최저등급을 통과하는 학생이 평균적으로 절반이 되지 않는다. 지원자의 30%만 통과하는 경우도 있다. 이렇듯 대학입시에서 수능 최저등급을 통과하는 것은 합격의 가능성을 매우 높게 한다. 대학입시 단원에서 더욱 자세하게 설명하겠지만 평소에 치르는 모의고사 성적을 잘 분석하여 실제 수능시험에서 수능 최저등급을 통과할 수 있는 대학 학과에 원서를 넣는 것이 중요하다.

② 수능 최저등급을 정해 놓은 이유

대학은 고등학교에 따라서 내신성적을 받을 수 있는 어려움이 다르다고 판단하기 때문이다. 다르게 표현하면 대학들은 고등학교의 내신성적은 학교끼리 비교하면 공평하지 않다고 판단하는 반면에 수능시험은 공평한 시험이라고 판단하는 것이다. 그래서 학생이 수능시험에서 기준이상의 성적을 받으면 그 학생의 내신성적 수준을 인정해 주겠다는 의미이다.

수능 최저등급은 대학입시의 학생부교과전형, 학생부종합전형, 논술 전형, 일부의 실기 전형에서 포함하고 있다. 대학에 따라서는 수능 최저등급을 포함하지 않기도 하는데, 수능 최저등급을 포함하지 않을 경우에 경쟁률이 매우 높은 것이 특징이다.

③ 수능 최저등급의 사용 예시

수능 최저등급은 대학입시에서 다양한 변수로 작용한다. 아래의 사용 예시를 참고해보자.

A, B학생 모두가 C, D대학교에 원서를 넣은 상황으로 가정해서 설명해보자. A, B학생의 수능성적은 아래와 같다.

◆ **A, B학생의 수능성적 등급**

A학생	국어 2, 수학 2, 영어 3, 탐구 2 (평균 등급: 2.25등급)
B학생	국어 1, 수학, 1, 영어 5, 탐구 5 (평균 등급: 3등급)

◆ **C대학교 수능 최저등급 기준**

: 국어, 수학, 영어, 탐구(2개 평균) 영역 중 3개 영역의 등급합 6등급 이내

A학생. 수능 최저등급 통과함
- 국어 2 + 수학 2 + 탐구 2 = 6등급
- 등급 합 6등급 기준을 통과함

B학생. 수능 최저등급 통과 못함
- 국어 1 + 수학 1 + 영어 5 = 7등급
- 등급 합 6등급 기준을 통과 못함

◆ **D대학교 수능 최저등급 기준**

: 국어, 수학, 영어, 탐구1 4개 영역 중 2개 영역의 등급 합 3등급 이내

A학생. 수능 최저등급 통과 못함
- 국어 2 + 수학 2 = 4등급
- 등급합 3등급 기준을 통과 못함

B학생. 수능 최저등급 통과함
- 국어 1 + 수학 1 = 2등급
- 등급합 3등급 기준을 통과함

위와 같이 A학생의 평균 등급이 2.25로 B 학생의 3등급보다 높다. 그러나 D대학교에서는 B 학생은 수능 최저등급을 통과하고 A학생은 통과하지 못하는 경우가 생길 수 있음을 주의해야 한다. 그래서 평소에 모의고사 등급이 어떻게 나오는지를 분석해두는 것이 중요하다.

평소 모의고사 등급을 분석한다는 의미는 '그냥 몇 등급 정도가 나온다'가 아니라 모의고사와 수능시험의 문제 출제 경향 차이를 알고 실제 수능에서는 어느 정도의 성적이 나올지 예상하는 것이 필요하다는

것이다. 그렇지 않으면 수능 최저등급 기준에서 탈락해버리는 상황이 벌어지게 된다. 모의고사와 수능시험의 문제 출제 경향에 따른 비교는 학생이 하기는 쉽지 않으므로 평소에 선생님과 상담을 통해서 파악하고 있어야 한다.

6) 수시와 정시

- 대학입시는 크게 두 번으로 나누어져 있다.
- 첫 번째는 수시모집이고 두 번째는 정시모집이다.
- 수시모집은 6장의 원서를 쓸 수 있다. (예외 있음)
- 정시모집은 3장의 원서를 쓸 수 있다.
- 수시에 지원하지 않고, 정시에만 지원해도 됨.
- 수시에 합격하면 정시에 지원할 수 없음. (전문대는 해당하지 않음)

<표 제목> 〈예시〉 A대학교 컴퓨터공학과 1학년 80명

수시모집 인원	정시모집 인원
52	28

대학입시는 크게 두 번으로 나누어져 있다. 첫 번째는 수시모집이고 두 번째는 정시모집이다. 수시모집의 모든 것이 끝나면 정시모집이 시작된다. 그래서 수시모집에 지원하여 합격하지 못하면, 정시모집에 지원할 기회가 한 번 더 있다.

위의 예시와 같이 A대학교 컴퓨터공학과의 전체 모집인원이 80명일 때 52명 모집하는 수시에 지원하여 합격하지 못하면, 28명 모집하는 정시에 지원할 수 있다는 것이다.

II부

1. 고교입시에 대한 설명

> **※ 이 책의 고등학교 입시정보를 이해할 때 주의사항**
>
> • 고등학교 입시정보는 각 시도에 따라 다르고, 같은 시·도에서도 각 학교에 따라 다르므로 각 학교의 입학 전형 안내를 꼭 확인해야 한다.
> • 이 책은 입시에서 같은 출발선에서 출발하지 못하는 이유를 설명하고 같은 출발선에서 출발할 수 있도록 도와주는 것이 목적이다. 그래서 입시 전체를 설명하는 것보다 핵심적이고 꼭 필요한 것만을 설명하도록 한다. 전체적인 내용은 각 학교의 입학 전형 안내를 꼭 확인해야 한다.

1) 같은 출발선에서 출발하려면 고교입시를 이해하자

중학생의 90% 이상은 고교입시를 준비해보지 않고 고등학교로 진학한다. 고교입시를 준비하는 학생이 10% 정도밖에 안 되니 고등학교 입시는 대학교 입시에 비하여 관심이 적다. 10% 정도의 학생이 준비하는 고교입시는 중학교 생활에서의 성적과 비교과 활동을 생활기록부에 기록해야 한다. 그러다 보니 고교입시가 있는 특목·자사고에 진학하려는 학생들과 입시가 없는 고등학교에 진학하려는 학생들의 중학교 생활이 달라진다.

중학생이 진로방향을 정해야 할 필요성을 느끼기는 쉽지 않다. 그래서 많은 중학생들은 진로방향을 정하지 않고 고등학교에 진학한다. 그런데 중학생 중에서 특목·자사고에 진학하려는 학생들은 자의 반 타의 반이라도 진로방향을 정하려 노력하게 되고 대략적이라도 진로방향을 정하게 된다. 진로방향을 정해야 진로방향에 관련된 비교과 활동을 할 수 있고, 생활기록부에 비교과 활동을 기록할 수 있기 때문이다.

그러나 입시가 없는 고등학교에 진학하려는 학생들은 진로방향을 정해야 할 필요성을 별로 느끼지 않는다. 진로방향을 정하지 않았다고 공부를 안 하는 것은 아니다. 그런데 고등학교에 진학한 후에는 중학생 때 진로방향을 정하지 않은 것과 입시를 위한 비교과 활동을 해보지 않은 것을 후회하는 경우가 많다.

그래서 입시가 없는 고등학교에 진학하려는 중학생들도 입시가 있는 고등학교에 진학하려는 학생들처럼 중학교 생활을 해야 한다. 그 이유는 고교입시를 준비해보고 고등학교에 진학해야지 대학입시에서 앞쪽의 출발선에서 출발할 수 있기 때문이다. 앞쪽의 출발선에서 출발할 수 있는 이유는 고교입시의 자기주도학습전형과 대학입시의 학생부종합전형이 유사한 방식의 전형이기 때문이다. 유사한 방식이라면 한 번 해본 학생들이 유리한 것은 당연하므로 앞에서 출발해서 대학입시에 유리해지는 것이다.

많은 고등학생들의 진로진학 상담을 하면서 중학생 때 특목·자사·영재고 입시를 준비해봤던 학생들이 비교과 준비를 잘 한다는 것을 많이 느낀다.

이렇게 얘기하면 두 가지 오해를 많이 한다.

첫 번째는 특목·자사·영재고에 진학하려는 학생들 중에는 성적이 좋은 학생들이 많으니 대학입시에 유리한 게 당연한 것 아니냐고 오해한다. 오해하지 말자! 고등학교 입시를 경험해본 학생들이 유리하다고 한 것은 성적을 얘기하는 것이 아니라 비교과 활동하는 능력이 유리해진다는 것이다. 비교과 활동을 할 수 있는 능력은 지금의 대학입시에서 매우 중요한 능력이다.

두 번째는 그러면 특목·자사·영재고로 진학하라는 것으로 오해하는 경우가 많다. 어떤 고등학교를 진학하면 좋은지는 학생의 상황에 따라 다르다. 무작정 특목·자사·영재고로 진학해서 입시에서 손해를 보는 경우가 의외로 많다. 특목·자사·영재고로 진학하라는 것이 아니라 중학생 때 고교입시를 위한 비교과 활동을 해보라는 것이다.

결론을 얘기하면 입시가 있는 고등학교에 진학할 계획이 없는 학생들도 입시가 있는 고등학교에 진학할 것처럼 중학생 때 자기주도학습전형을 위한 비교과 활동을 해야 한다. 그렇게 해야지 앞의 출발선에서 출발하는 학생들과 같이 출발할 수 있게 된다.

2) 자기주도학습전형 이해하기

※ 비교과 활동을 하는 방법은 "5. 입시에 도움이 되는 비교과 활동하는 방법"을 참조하면 된다.

자기주도학습전형은 입시가 있는 고등학교에서 학생을 선발하는 방식의 명칭이다. 외고, 국제고, 과학고, 자사고 등에서 자기주도학습전형으로 학생을 선발한다. 영재학교는 선발 과정 중 일부에 자기주도학습전형이 포함되어 있다고 이해하면 된다. 입시가 있는 각 고등학교들은 자기주도학습전형이라는 기본적인 형식을 각 학교의 특성에 맞게 변형해서 사용하고 있다.

일반적으로 입시에 관한 가장 큰 오해는 성적이 좋으면 원하는 학교에 합격할 수 있다는 것이다. 물론 입시에서 성적이 가장 중요한 요소인 것은 당연하다. 그러나 성적만 좋다고 해서 원하는 학교에 합격할 수는 없다. 특목·자사·영재고 입시인 자기주도학습전형에는 성적만 좋아서는 절대 합격할 수 없다. 참고로 대학입시에서도 좋은 성적만으로 상위권 대학에 합격할 확률이 점점 낮아지고 있다.

자기주도학습전형에서 성적 이외에 무엇이 필요한 것인지 설명이 필요할 것 같다. 성적 이외에 필요한 것은 생활기록부의 비교과 활동 기록인데, 모든 비교과 활동이 입시 합격에 도움이 되는 것은 아니다. 그리고 자기주도학습전형의 가장 큰 특징은 면접이 중요하다는 것인데 면접은 생활기록부에 기록된 비교과 활동을 평가하고 면접 질문에 활용한다는 것이다.

(1) 평가 절차

평가 절차는 학교 유형에 따라 다르고, 같은 유형의 학교 중에서도 각 학교에 따라 조금씩 다른 경우도 있다. 그리고 해마다 바뀌기도 하므로 매년 확인할 필요가 있다.

◆ **과학고**
- 1단계: 서류평가 및 개별 면담
- 2단계: 소집 면접

◆ **외국어고, 국제고**
- 1단계: 영어 내신성적 + 출결
- 2단계: 1단계 성적 + 면접

◆ **서울방식 자율형 사립고**
- 1단계: 추첨 선발
- 2단계: 면접

◆ **서울 이외 방식 자율형 사립고 및 일반고**

┌ 1단계: 내신성적 + 출결

└ 2단계: 1단계 성적 + 면접

⑵ 무엇을 어떻게 평가하는가?

① 평가 요소

자기주도학습전형은 학교에 따라 조금씩 다르지만 성적, 서류, 면접이 공통적인 평가 요소이다. 일반적으로 1단계는 내신 성적이 중요하고, 2단계는 면접이 중요하다. 1단계에서 1.5배수~2배수를 선발하여 2단계에서 면접을 실시한다. 그러므로 1단계를 통과할 수 있는 내신성적이 되어야 한다. 하지만 내신 성적이 아무리 좋아도 생활기록부와 자기소개서에 좋게 평가받을 수 있는 내용이 기록되어 있지 않고, 면접을 잘 보지 못하면 절대 합격할 수 없다.

◆ **성적**

• 정량평가

• 평가 과목은 각 학교 모집요강에서 확인해야 함.

◆ 서류

- 정성평가
- 생활기록부, 자기소개서, 추천서(일부 학교)

◆ 면접

- 정성평가
- 생활기록부와 자기소개서를 기반으로 면접을 실시한다.

◆ 성적이 중요한 평가 요소인 1단계를 통과하면, 생활기록부, 자기소개서, 면접이 중요한 평가 요소가 되는 2단계가 기다리고 있다

② 자기주도학습전형 평가표 설명

자기주도학습전형은 성적, 생활기록부, 소개서, 면접으로 평가한다고 했다. 성적은 정량평가이지만 그 이외의 평가 요소들은 정성평가를 한다. 자기주도학습전형에서 정성평가는 어떤 방식으로 평가하는지 알아보자.

자기주도학습전형의 정성평가에서 무엇을 어떻게 평가하는가를 이해하는 가장 좋은 방법은 '자기주도학습전형 평가표'를 이용해 설명하는 것이다. '자기주도학습전형 평가표'는 채점판의 역할을 하는 것으로 입학 전형에서 입학 전형 위원이 실제로 사용하는 평가표이다. 각 학교들은 학교의 특성에 맞게 변형해서 사용하고 있다.

자기주도학습전형 평가표의 평가항목은 '자기주도학습 영역'과 '인성 영역'으로 나누어진다.

〈자기주도학습 영역〉

평가항목	평가지표
㉠ 자기주도학습 과정과 그 과정에서 배우고 느낀 점	- 자기주도학습 과정의 구체성 - 자기주도학습을 통한 변화 - 자기주도학습 과정의 진정성 - 자기주도학습의 지속성 - 학업 역량과 자기주도학습 방법의 연계성 - 자기주도학습의 창의성
㉡ 학교 특성과 연계해 지원학교에 관심을 갖게 된 동기	- 지원동기의 구체성 - 학교 특성과 지원동기의 연계성 - 지원학교에 대한 이해도 - 지원동기의 명확성 - 지원동기의 적절성 - 지원동기의 자발성
㉢ 본인의 꿈과 끼를 살리기 위한 활동 계획과 졸업 후 진로 계획	- 활동 계획의 구체성 - 활동 계획의 타당성 - 활동 계획의 실현 가능성 - 활동 계획과 진로 계획의 연계성 - 꿈과 진로 계획의 연계성 - 자신의 적성에 대한 이해도

〈인성 영역〉

평가영역	평가지표
ⓔ 본인의 인성을 나타낼 수 있는 개인적 경험	- 개인적 경험의 진정성 - 개인적 경험의 지속성 - 개인적 경험의 구체성 - 개인적 경험의 일관성 - 개인적 경험의 자발성 - 개인적 경험의 유의미성
ⓕ 인성을 드러낼 수 있는 활동을 통해 배우고 느낀 점	- 사회구성원으로서의 긍정적 태도 변화 - 민주시민으로서의 가치관 형성 - 공동체적 가치관의 형성 - 형성된 가치관을 유지 발전시키려는 노력 - 행동이나 사고의 긍정적 변화 - 개인적 경험을 통한 내적 성찰

평가표를 처음 보면 너무 복잡하다고 생각할 수 있다. 평가표에 평가 항목들이 많아서 복잡해 보일 텐데 학생끼리 점수 차이가 많이 벌어지는 항목이 무엇인지만 이해하면 조금 간단해 보일 것 같다. 그런데 자기주도학습전형을 실제로 준비하려면 평가표를 상세히 이해하는 것이 꼭 필요하다. 그렇지 않으면 엉뚱한 준비를 할 수도 있기 때문이다.

이 책은 자기주도학습전형을 자세히 설명하는 것이 목적이 아니라 고입-대입-취업의 연결고리를 설명하기 위하여 고입의 자기주도학습전형의 특징을 설명할 뿐이다. 그러므로 자기주도학습전형을 자세히 설명하고 있는 책을 꼭 읽어본 후에 자기주도학습전형 준비를 시작하기 바란다.

◆ 점수 차이가 많이 벌어지는 항목

필자도 입학 전형 위원으로 자기주도학습전형을 실시하는 고등학교에 파견되어 서류평가 및 면접을 한 적이 있다. 입시에서 실제로 학생을 평가하는 것은 매우 부담스러운 일이다. 왜냐하면 나의 평가 점수에 학생의 합격 불합격이 나누어지고, 학생의 인생에 큰 영향을 줄 수 있기 때문이다. 그러므로 애매한 기준으로 점수 차이가 크게 벌어지는 상황은 피하려 한다.

점수 차이가 크게 벌어지지 않는 예를 설명해보자. '인성 영역'은 '자기주도학습 영역'보다 학생들의 점수 차이가 크게 벌어지지 않는다. 학생들의 생활기록부와 자기소개서 내용이 비슷하기도 하지만, 특별히 높은 점수를 주거나, 특별히 낮은 점수를 주어야 할 학생이 별로 없기 때문이다. 학생들의 인성을 비교하여 우열을 가리는 것이 쉽지 않다. 그래서 '인성 영역'에서는 점수 차이가 크게 벌어지지 않는다.

점수 차이가 크게 벌어지지 않는다고 하여 대충해도 된다는 것은 아니다. 점수 차이가 크게 벌어지는 항목에 좀 더 관심을 가지라는 의미이다. 그리고 어떤 활동을 했다는 기록만 있는 나열식으로 작성한 내용은 낮은 평가를 받는다. 왜 활동을 하게 됐는지, 활동 후 무엇을 알게 되었는지, 해당 활동을 통해 어떤 성장을 했는지 등 상세한 내용이 같이 적혀있으면 더 좋은 평가를 받을 수 있다.

◆ 점수 차이가 크게 벌어지는 자기주도학습 영역을 설명해보자

'㉠ 자기주도학습 과정과 그 과정에서 배우고 느낀 점' 부분은 학생의 개인적인 상황 특성이 강하다. 쉽게 표현한다면 정해진 정답이 없다는 것이다. 그러다 보니 A 학생의 자기주도적인 학습 방법 및 과정과 B 학생의 자기주도적인 학습 방법 및 과정을 보고 어느 학생이 더 낫다고 평가하는 것은 쉽지 않다. 그래서 '㉠ 자기주도학습 과정과 그 과정에서 배우고 느낀 점' 부분에서는 점수 차이가 크게 벌어지기가 쉽지 않다.

'㉡ 학교 특성과 연계해 지원학교에 관심을 갖게 된 동기' 부분과 '㉢ 본인의 꿈과 끼를 살리기 위한 활동 계획과 졸업 후 진로 계획' 부분은 학생에 따라서 점수 차이가 많이 벌어진다.

고등학교 입시는 학생이 지원한 학교에 따라서 특성이 명확하다. 예를 들어 '과학고'에 지원했다면 생활기록부와 자기소개서에 과학고에 적합한 동기나 활동 경험이 없다면 낮은 점수를 받는 것이 당연하다. 그리고 과학고와 연계된 꿈과 진로가 없다면 그 또한 당연히 낮은 점수를 받게 될 것이다.

그래서 '㉡ 학교 특성과 연계해 지원학교에 관심을 갖게 된 동기' 부분과 '㉢ 본인의 꿈과 끼를 살리기 위한 활동 계획과 졸업 후 진로 계획' 부분에서 합격과 불합격에 영향을 주는 점수 차이가 많이 벌어지게 된다. 왜냐하면 특목·자사고에 지원하는 학생 중에도 진로방향에 관련된 비교과 활동 내용이 부족한 학생들이 의외로 있기 때문이다.

그래서 자기주도학습전형으로 진학하려면 진로방향이 구체적이어야 한다. 진로방향이 구체적이지 못하면 'ⓛ 학교 특성과 연계해 지원학교에 관심을 갖게 된 동기' 부분과 'ⓒ 본인의 꿈과 끼를 살리기 위한 활동 계획과 졸업 후 진로 계획' 부분의 내용에서 진실성 있게 자신을 표현할 수 없기 때문이다.

중학생을 상담하면 "특목고는 학교의 특성이 명확한데, 자사고 및 입시가 있는 일부 일반고는 학교의 특성이 명확하지 않으니 구체적인 진로방향이 없어도 되나요?"라는 질문을 많이 한다.

그 질문에 대해서 자사고 및 입시가 있는 일부 일반고에서는 'ⓛ 학교 특성과 연계해 지원학교에 관심을 갖게 된 동기'보다는 'ⓒ 본인의 꿈과 끼를 살리기 위한 활동 계획과 졸업 후 진로 계획' 부분에서 점수 차이가 크게 벌어진다고 설명할 수 있다. 자사고 및 입시가 있는 일부 일반고는 학교 특성이 명확하지 않다. 그러므로 'ⓒ 본인의 꿈과 끼를 살리기 위한 활동 계획과 졸업 후 진로 계획' 부분에서 점수 차이가 크게 벌어진다. 당연히 자사고 및 입시가 있는 일부 일반고를 지원하는 학생들은 본인의 진로방향에 관한 비교과 활동을 특별히 많이 해야 한다.

정리해보면 'ⓛ 학교 특성과 연계해 지원학교에 관심을 갖게 된 동기' 부분과 'ⓒ 본인의 꿈과 끼를 살리기 위한 활동 계획과 졸업 후 진로 계획'에서 점수 차이가 크게 벌어진다. ⓛ과 ⓒ이 점수 차이도 많이 벌어지는 항목이지만 실제로 학생들이 신경 써서 비교과 활동을 많이 해야 하는 항목이다. 그리고 ⓛ과 ⓒ에 관한 비교과 활동을 많이 하려면 일찍 진로방향을 정하고 진로방향에 관련된 비교과 활동을 많이 수행하고 생활기록부에도 꼼꼼히 기록해야 한다.

(3) 자기주도학습전형의 자기소개서

대학입시에서는 없어진 자기소개서를 고교입시에서는 아직도 제출하고 있다. 아래의 자기소개서 형식을 기본으로 각 학교는 약간 변화해서 사용하고 있다.

> ① 본인이 스스로 학습계획을 세우고 학습해 온 과정과 그 과정에서 느꼈던 점, 학교 특성과 연계해 지원학교에 관심을 갖게 된 동기, 고등학교 입학 후 자기주도적으로 본인의 꿈과 끼를 살리기 위한 활동 계획 및 고등학교 졸업 후 진로 계획에 관하여 구체적으로 기술하십시오.
>
> ② 본인의 인성(배려, 나눔, 협력, 타인 존중, 규칙 준수 등)을 나타낼 수 있는 개인적 경험 및 이를 통해 배우고 느낀 점을 구체적으로 기술하십시오.

자기소개서의 내용을 보면 자기주도학습전형을 위해서는 스스로 본인 진로방향과 관련된 활동을 하는 것이 중요함을 느낄 수 있다.

이 책에서는 자기소개서 작성법을 설명하지는 않겠다. 자기소개서 작성법에 관한 책은 너무 많이 출판되어 있다. 이 책에서는 자기소개서 작성에 관하여 주의사항을 몇 가지만 얘기하려고 한다.

- 생활기록부에 기록되어 있는 내용을 기준으로 작성해야 한다.
- 본인이 하고 싶은 얘기를 적는 것이 아니라 평가자가 보고 싶은 내용을 적는 것이 가장 중요하다.
- 학교 특성에 적합한 내용을 강조해야 한다.
- 활동의 결과가 아니라 과정을 적어야 한다.
- 학생이 직접 작성해야 하며 타인의 도움으로 작성하는 것은 감점의 원인이 될 수 있다.
- 자기소개서 작성 금지 내용을 꼭 확인해야 한다. 금지 내용을 작성하는 실수를 하는 학생들이 의외로 많이 있다. 특히 학생이 직접 작성하고 그냥 제출할 때 위반하는 경우가 많으므로 주의하자. 학교 선생님께 꼭 점검을 받아야 한다.
- 본인의 활동을 과장해서 작성하지 않아야 한다. 면접에서 해당 내용을 질문했는데 제대로 답변하지 못하면 큰 감점이 된다.

⑷ 면접

자기주도학습전형에서는 학생들끼리 내신 성적은 비슷하므로 면접이 매우 중요하다. 물론 대부분의 학교가 생활기록부와 자기소개서를 기반으로 하는 면접이므로 많은 준비를 해야 하는 것은 아니다. 하지만 학생들은 면접에 익숙하지 않으므로 익숙해질 수 있는 연습이 필요하다.

자기주도학습전형에서는 자기소개서, 학교생활기록부에 기록되어 있는 내용을 바탕으로 질문하고 면접을 진행한다. 본인의 생활기록부로 예상 질문을 스스로 만들고 질문에 대한 답변을 준비하는 것이 필요하다. 3학년 초에 질문 문항을 만들고 답변하는 연습을 해보기를 바란다. 그러면 본인의 생활기록부에서 부족한 것을 발견하게 되고 3학년 생활을 하면서 부족한 부분을 보충할 수 있기 때문이다.

(5) 고입정보포털 활용

자기주도학습전형 및 고교입시에 대한 자세한 내용을 알고 싶으면 인터넷에서 '고입정보포털' 이라고 검색하면 '고입정보포털 사이트(www. hischool.go.kr)'가 검색되고 클릭하면 아래와 같은 화면으로 연결된다.

- '고교입시정보'를 클릭하면 각 학교 유형에 대한 입시정보를 확인 할 수 있다.

- 각 학교에 대한 간단한 정보도 확인할 수 있으므로 미리 확인해보는 것도 좋다.
- '자기주도학습전형'을 클릭하면 자기주도학습전형에 대한 자세한 내용을 확인할 수 있다.
- 고입정보포털 사이트는 고교입시에 대한 일반적인 내용 및 자기주도학습전형에 대한 일반적인 내용만을 소개하고 있다. 각 학교 유형 및 개별 학교에 대한 자세한 정보는 관련 책들이 많이 출판되어 있으므로 도움을 받을 수 있다. 그리고 개별 학교에 대한 정보는 각 학교 홈페이지에서 더 정확하게 확인할 수 있다.

3) 고등학교 유형별 입시 방법 설명

고등학교의 종류는 참 많다. 여러 종류의 고등학교 중 학생의 진로방향이나 상황에 따라서 어떤 고등학교로 진학할지 정해질 것이다. 당연한 얘기이지만 일찍 계획을 세워서 준비하면 좋다. 학교 유형에 따라서는 몇 년 전부터 일찍 계획을 세워서 준비해야 하는 학교도 있고, 그렇지 않고 결정해야 할 시기에 진학만 결정하면 되는 학교도 있다.

(1) 고등학교 지원할 때 주의할 점

전기고	후기고
영재학교, 과학고, 예술고, 체육고, 마이스터고, 특성화고	일반고, 외국어고, 국제고, 자사고, 자공고

- 전기 고등학교 중에서 1개 학교만 지원해야 한다.
- 전기고의 선발이 모두 끝나면 후기고의 선발이 시작된다.
- 전기고의 합격자는 후기고에 지원할 수 없다. (영재학교는 예외)
- 전기 고등학교 합격하고 포기하는 경우에는 다른 학교에 지원이 불가능하다.
- 지원 방법 및 절차는 시도별, 연도별로 변경될 수 있으므로 꼭 확인해야 한다.
- 고교 입학 시 이중지원 금지를 위반하지 않도록 주의한다.
- 접수 완료 이후 다른 학교 추가 지원(전형료 결제) 금지. 이중지원으로 불합격 처리된다.
- 합격자는 추가모집 지원이 금지되어 있다.

(2) 지원 자격

- 지원 자격이 시도교육청에 따라 다르고, 매년 변화가 있으므로 꼭

시도교육청 및 해당 학교의 입시요강을 꼭 확인해야 한다.

- 전국 단위 자사고, 농어촌자율학교 등 전국 단위 모집 외에는 지역 단위 안에서 모집한다.

〈예시〉 서울시교육청

외고·국제고	해당 유형의 고등학교가 없는 지역 소재 중학교 졸업예정자 또는 지역에 거주하는 졸업자(학력 인증자 포함)
서울 방식 자사고	자사고가 없는 시도 중 경남, 제주, 세종 소재 중학교 졸업예정자 및 중학교 졸업자(학력 인정자 포함)로서 해당 지역에 거주하는 자
서울 이외 방식 자사고 (하나고)	사회통합전형 중 '다문화가족 자녀', '군인 자녀'는 전국 단위 모집

(3) 유형별 선발 방법

◆ 고등학교의 전체적인 유형을 확인해보자

유형	세분화된 학교 유형		선발 방법 및 특징
일반고	평준화 일반고		추첨 배정
	비평준화 일반고		중학교 내신성적
	중점학교	과학중점학교	추첨 배정 일반고와 과학고의 중간 느낌
		예술체육중점학교	학교에 따라 실기 또는 비실기
	농어촌자율학교(40)		중학교 내신성적 기숙사 생활

유형	세분화된 학교 유형		선발 방법 및 특징
자율고	자율형 공립고(자공고) (45)		추첨 배정
	자율형사립고 (자사고)	전국 단위 자사고(10)	자기주도학습전형 (교과+비교과+면접)
		서울형 자사고(16)	
		서울형 이외 자사고(7)	
영재학교	과학영재학교(6)		전체 모집 인원: 1,000여 명 교과+비교과+자소서+추천서 +영재성 평가+면접
	과학예술영재학교(2)		
특수목적고등학교	과학고(20개) 약 1,700명		교과+비교과+자소서+추천서 +면접
	외국어고(30)		자기주도학습전형(교과+비교과+자소서+면접) 여학생의 숫자가 더 많다. 과목별 세특은 입시에 포함 안 됨.
	국제고(8)		
	예술고(30)		교과+실기
	체육고(17)		특기자(실적), 일반(교과+실기)
	마이스터고(52)		교과+면접+인적성검사+학업 계획서
특성화고등학교	직업특성화고(464)		교과+(면접)
	대안특성화고(25)		자기소개서+교과+면접

☞ ( )안은 학교 숫자.

☞ 2023년 8월 기준으로 외고·국제고·자사고는 그대로 유지됨.

◆ 고등학교 유형별 학생 수 비율을 확인해보자

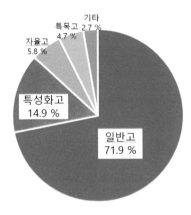

※ 영재학교는 특목고에 포함시켰음

◆ 각 유형별로 선발 방법 및 특징을 알아보자

① 일반고

유형	세분화된 학교 유형		선발 방법 및 특징
일반고	평준화 일반고		추첨 배정
	비평준화 일반고		중학교 내신성적
	중점학교	과학중점학교	추첨 배정 일반고와 과학고의 중간 느낌
		예술체육중점학교	학교에 따라 실기 또는 비실기
	농어촌자율학교(40개)		중학교 내신성적 기숙사 생활

◆ **평준화 일반고**

- 학생이 희망학교를 지원하면 추첨으로 배정한다.
- 시도 별로 다르게 운영되므로 모두 다 설명할 수는 없어서 예를 들어 설명해본다.

〈예시〉

㉠ 시도 교육청은 지역을 기준으로 학군을 나눈다.

㉡ 시도 교육청은 지원 방식을 정한다.

- 1지망은 주소지와 상관없이 시도·군내의 모든 학교를 지원할 수 있다. (정원의 40%)

- 2지망은 지역학군 내의 학교만 지원 가능하다. (정원의 30%)

㉢ 학생이 ㉡의 지원 방식에 따라 희망학교를 1지망, 2지망으로 나누어서 신청한다.

㉣ 교육청은 학교별로 모집정원의 40%를 1지망 지원자 중 추첨해서 선발한다.

㉤ 그리고, 학교별로 모집정원이 30%를 2지망 지원자 중 추첨해서 선발한다.

㉥ 그리고 학교별 모집정원의 나머지 30%는 ㉣, ㉤에서 배정되지 못한 학생들을 주소를 고려하여 컴퓨터로 무작위로 추첨해서 배정한다. 학생들 입장에서는 지원하지 않은 학교에 배정될 수도 있다.

◆ **비평준화 일반고**

- 대부분 내신성적으로 선발한다.
- 자기주도학습전형으로 선발하는 학교도 있다.
- 지역에 따라 다르지만 기숙사가 있는 학교는 선호도가 높다.

- 학교의 특성이 많이 알아봐야 한다.

◆ 과학중점학교

- 한 학교에 일반 학급과 과학중점 학급이 같이 있는 형태이다.
- 과목편성이 일반고와 과학고의 중간 정도로 생각하면 된다.
- 전체 수업에서 수학, 과학 수업 비율이 일반고는 30%, 과학중점학교 45%, 과학고는 60%이다.
- 일반고보다는 수학과 과학의 심화학습이 가능하다.
- 학생선발은 추첨으로 한다.
- 과학중점학교의 과학중점과정에 지원하려는 학생들은 일반고 지원 이전에 지원하는 선배정 방법으로 지원하면 된다.
- 대학입시 방법 중 학생부종합전형으로 진학하기 유리하다.
- 과학고와는 달리 의대 진학에 불리함이 없어서 진로선택에 유연성이 있다.

◆ 예술체육중점학교

- 전문선수가 되려는 목적보다는 체대에 일반전형으로 진학하려는 학생에게 적합하다.
- 예술 분야는 대학입시에서 예술고 학생들과 경쟁을 해야 한다.
- 한 학교에 일반 학급과 예술 또는 체육 중점학급이 같이 있는 형

태이다.

- 과목 편성이 일반고와 예술고·체육고의 중간 정도로 생각하면 된다.
- 예술체육 분야의 대학진학도 일반고와 예술고·체육고의 중간 정도로 생각하면 된다.
- 학생선발 할 때 서류평가와 면접으로 선발하는데, 체육중점학교는 실기 평가가 있는 학교도 있다.

◆ **자율학교지정교**(농어촌자율학교)

- 농촌·어촌 학교의 경쟁력을 높여주기 위한 목적이다.
- 전국 단위의 모집이고, 대부분 기숙사를 운영하고 있다.
- 우수한 학생들이 많이 지원하고 있어서, 대학 진학 실적도 좋은 편이다
- 학생을 선발할 때 중학교 내신으로 선발한다.

② 자율고

유형	세분화된 학교 유형		선발 방법 및 특징
자율고	자율형 공립고(자공고)		추첨 배정
	자율형 사립고 (자사고)	전국 단위 자사고	자기주도학습전형 (교과+비교과+면접)
		서울형 자사고	
		서울형 이외 자사고	

◆ 자율형 공립고(자공고)

▷ 선발 방법: 일반고와 같다.

▷ 특징: 일반고와 같다.

◆ 전국 단위 자사고

▷ 선발 방법:

1단계: 내신성적 + 출결(자소서 제출)

2단계: 면접

▷ 특징

• 기숙사를 운영한다.

• 좋은 학습 분위기는 장점이고, 내신의 불리함은 단점이다.

• 고교학점제가 시행되면 절대평가 과목이 늘어나서 내신의 불리함

이 적어질 것으로 예상된다.

- 지역인재 20% 선발 의무화 시행이 예고되어 있다.

◆ **서울형 자사고**

▷ 선발 방법:

1단계: 내신성적 관계없이 정원의 1.5배수를 추첨으로 선발한다.

2단계: 면접 (지원율에 따라 달라진다)

지원률이 100% 이하일 때	2단계 면접 절차는 생략
지원률이 100%~150%일 때	면접 실시 여부를 학교가 결정 (추첨으로 선발 가능)
지원률이 150% 이상일 때	추첨으로 정원의 1.5배수 선발 2단계에서 면접 실시

◆ **서울형 이외 방식 자사고**

▷ 선발 방법:

1단계: 내신성적 + 출결

2단계: 1단계 성적 + 면접

③ 영재학교

유형	세분화된 학교 유형	선발 방법 및 특징
영재 학교	과학영재학교(6)	교과+비교과+자소서+추천서 +영재성 평가+면접
	과학예술영재학교(2)	

▷ 현황: 8개(약 1,000여 명)

▷ 지원 자격: 전국에서 지원할 수 있다.

▷ 선발 방법

• 1단계: 서류평가(생활기록부, 자기소개서, 추천서)

• 2단계: 지필평가(영재성 및 사교력 평가, 문제해결력)

• 3단계: 캠프(실험설계, 집단토론, 발표, 구술 평가 등)

▷ 특징

• 우수한 이공계열 전문인력 양성 교육을 목적으로 한다.

• 수학, 과학에 뛰어난 학생을 위한 교육과정을 운영한다.

• 일반적으로 초등학생 때부터 진학을 계획하고 준비한다.

• "○○과고"라는 명칭을 사용하므로 과학고와 헷갈릴 수 있다.

• 영재학교 종류: 서울과학고, 경기과학고, 대전과학고, 대구과학고,
광주과학고, 한국과학영재학교, 인천과학예술영재학교, 세종과학
예술영재학교

• 무학년제, 조기졸업 가능하지 않다. (2025학년도부터는 조기졸업 가
능해짐)

- 과학고, 영재고에서 의대 계열 대학을 지원할 때는 불리해진다.
  (비교과 활동이 많이 빠진 생활기록부를 제출해야 한다.)
- 2027년에 2개 영재학교 추가 개교 예정임. (광주GIST부설 AI영재학교, 충북KAIST부설 AI바이오 영재학교)

④ 특목고(특수목적 고등학교)

유형	세분화된 학교 유형	선발 방법 및 특징
특목고	과학고(20개)	교과+비교과+자소서+추천서+면접
	외국어고(30개)	자기주도학습전형
	국제고(8개)	(교과+비교과+자소서+면접) 여학생의 숫자가 더 많다. 과목별 세특은 입시에 포함 안 됨.
	예술고(30개)	교과+실기
	체육고(17개)	특별전형(실적), 일반전형(교과+실기)
	마이스터고(52)	교과+면접+인적성검사+학업계획서

◆ 과학고

▷ 지원 자격: 각 지역 단위에서만 지원이 가능하다.

▷ 선발 방법

- 1단계: 서류평가 + 개별 면담
- 2단계: 서류평가 + 소집 면접

▷ 서류 평가: 학교생활기록부(교과+비교과), 자기소개서, 교사추천서

▷ 개별 면담: 입학담당관이 지원자와의 면담을 통해 제출서류 진위 여부 및 추가정보를 확인한다.

▷특징

- 과학고와 영재고는 중복지원이 가능하다.
- 과학고는 1, 2단계 모두 면접이 있다. (국제고, 외고, 자사고는 2단계만 면접)
- 과학고, 영재고에서 의대 계열 학과를 지원할 때 불리해진다. (비교 과 활동이 많이 빠진 생활기록부를 제출해야 한다.)

◆ **외국어고, 국제고**

▷ 선발 방법

- 1단계: 영어 내신성적 + 출결
- 2단계: 자기소개서 + 학교생활기록부 + 면접

▷ 특징

- 1단계 영어 내신성적은 중학교 2, 3학년 성적을 활용한다.
- 1단계에서 영어 성적과 출결만으로 선발하기 때문에 동점자가 많 이 발생할 수 있다. 그래서 동점자 처리 기준인 국어와 사회과목 성적도 중요하다.

- 외국어고, 국제고는 문과 계열 진로방향인 학생에게 적합하다.
- 외국어고는 어학 수업이 조금 더 많다.
- 국제고는 정치, 경제, 국제관계 수업이 조금 더 많다.
- 그러므로 국제고는 정치·경제·국제관계 관련 대학 전공학과에 학생부종합전형으로 합격하기 유리하다.

◆ 예술고(30개)

▷ 선발 방법: 내신성적 + 실기성적
▷ 특징: 예술중학교 학생들의 합격률이 높다.

◆ 체육고(17개)

▷ 선발 방법
- 특별전형: 경기 입상실적+내신성적
- 일반전형: 경기 입상실적+실기+내신성적
▷ 특징: 경기 입상실적이 있어야 합격에 유리하다.

◆ 마이스터고

▷ 종류: 로봇, SW, 해양, 에너지, 전자, 기계, 항공, 바이오, 반도체 등
▷ 선발 방법

- 일반전형: 내신성적+면접+인적성검사
- 특별전형: 내신성적+면접+인적성검사+실기

▷ 특징

- 특성화고보다 조금 더 전문적인 수업을 한다. 기숙사가 있는 경우가 많다.

⑤ 특성화고

유형	세분화된 학교 유형	선발 방법 및 특징
특성화 고등학교	㉠ 직업 특성화고(464개)	교과+(면접)
	㉡ 대안 특성화고(25개)	면접

※ 참고하세요: 특성화고마이스트고 포털(하이파이브)

◆ 직업 특성화고

▷ 선발 방법: 내신성적(면접이 있는 경우 있음)
▷ 특징: 직업교육에 목적이 있다.

◆ 대안 특성화고

▷ 선발 방법: 면접

▷ 특징: 자연현장실습 등 체험·인성 위주의 교육을 자율적으로 실시한다.

2. 대학입시에 대한 설명

※ 참고하세요 : 대입정보포털(대학어디가)

1) 대학입시 이해의 기초

대학입시의 이해는 '대학은 학문 교육을 목적으로 하는 곳이므로 교육을 잘 받을 수 있는 능력을 가진 학생을 선발하려 한다.'는 것에서 출발해야 한다. 왜냐하면 대학입시에서는 성적 외에 다른 방법으로도 학생을 선발하고 있기 때문이다. 그러므로 성적 외의 다른 방법으로 선발할 때도 공부 능력이 좋은 학생을 선발하려 한다는 것을 이해하고 있어야 한다. 그렇지 않으면 잘못된 방향으로 대학입시를 준비하게 된다. 대학은 성적 외 다른 방법으로도 공부 능력을 찾아내는 방법들을 알고 있다. 또한 다양한 방법으로 공부 능력을 찾아내어서 다양한 학생을 선발하는 것이 좋다는 것도 알고 있다.

고교입시인 자기주도학습전형에서도 설명했지만 입시에서 성적만으로 학생을 선발하는 시절은 지나가고 있다. 자기주도학습전형에서는 성적만 좋아서는 절대 합격할 수 없다는 것을 설명했고 잘 이해했을 것이다. 반면에 대학입시는 성적만으로 학생을 선발하는 전형이 남아 있어서 성적만 좋아도 합격할 수 있는 방법이 아직은 남아 있다. 하지만 점점 줄어들고 있다.

고교입시인 특목·자사·영재고들은 학교 간의 전형 방법이나 성적 차이가 크지 않다. 그러나 대학입시는 상위권 대학교와 하위권 대학교의 차이가 크다. 그래서 대학입시는 상위권, 중위권, 하위권 대학의 전형 방법을 구분해서 이해하는 것이 필요하다.

상위권 대학일수록 성적 이외에 다양한 방법을 사용하여 학생들의 공부 능력을 평가하고, 하위권 대학일수록 성적만으로 학생을 선발하는 경우가 많다. 이렇게 설명하면 하위권 대학일수록 성적만으로 학생을 선발한다는 것이 의외라고 하는 경우가 많다.

'다양한 방법으로 공부 능력을 평가한다'는 것은 '대학은 들어가는 문이 여러 개 있다.'라는 의미로도 해석할 수 있다. 그래서 대학입시의 이해에서는 '대학은 들어가는 문이 여러 개 있다'는 상황을 이해하는 것이 중요하다. 왜냐하면 상위권 대학일수록 성적 외에 다양한 방법으로 학생을 선발하고 있기 때문이다.

여러 개의 문 중에 본인에게 가장 유리한 문을 선택해서 들어가는 것이 대학입시 제도이다. 그러므로 어떤 문이 있는지, 각 문들의 특징은 무엇인지를 알고 본인에게는 어떤 문이 유리한지를 판단하는 것이 필요하다.

대학입시에는 성적을 중심으로 비교과, 면접, 논술, 실기 등을 묶어서 아래와 같이 몇 개의 평가 방식을 대학입시에서 사용하고 있다.

성적	→	학생부교과전형
성적 + 비교과	→	학생부종합전형
성적 + 논술	→	논술전형
성적 + 실기	→	실기 전형
수능	→	수능전형

대학이 성적만으로 학생을 평가한다면 대학입시 제도를 설명할 필요가 없다. 하지만 성적 외에 다른 것도 평가된다면 어떻게 평가하는지 잘 이해해야 하므로 대학입시전형 설명이 꼭 필요해진다.

2) 대학입시전형 설명

대학의 입학 전형은 학교별로 조금씩 차이가 있어서 복잡하다고 생각할 수 있는데, 유형별로 정리하면 6개의 유형으로 분류할 수 있다. '6개의 유형'을 '6개의 문'이라고 표현하면 이해가 조금 쉬울 것 같다. 문이라고 표현한 것은 들어간다는 의미로 사용해보았다. '6개의 문'은 아래의 (1)(2)(3)(4)(5)(6)번을 의미한다. 아래의 표는 문의 이름만 적어 놓은 것이다. 즉, (1)~(6)번이 문의 이름이다.

구분	전형명	
수시	학생부 전형	(1) 학생부교과
		(2) 학생부종합
	(3) 논술	
	(4) 실기	
정시	(5) 수능	
	(6) 실기	

다음의 표는 문의 이름에 평가 방식을 추가해 보았다. 평가 방식과 문의 이름을 연결해보면 왜 문의 이름을 그 이름으로 했는지 알 수 있다. 당연한 얘기이지만 문의 이름이 왜 그렇게 만들어졌는지를 이해하면 문의 특성을 이해하기 좋을 것이다.

구분	전형명		무엇을 평가하지?
수시	학생부 전형	(1) 학생부교과	← 성적(교과)
		(2) 학생부종합	← 성적(교과) + 비교과
	(3) 논술		← 성적(교과) + 논술
	(4) 실기		← 성적(교과) + 실기
정시	(5) 수능		← 성적(수능)
	(6) 실기		← 성적(수능) + 실기

    이제부터는 '문'이라는 명칭 대신에 대학입시에서 실제로 사용하는 '전형'이라는 명칭으로 바꾸어서 적으려 한다. 즉 "대학을 들어가는 문은 여러 개가 있다"는 말은 "대학입시에는 여러 개의 전형이 있다."는 것과 같은 의미이다.

◆ 대학입시에는 여러 개의 전형이 있다는 의미를 아래의 예시로 설명해보겠다. 예시는 A대학 B학과의 1학년 강의실의 모습이다. ♘은 학생 한 명을 의미한다. 40명이 정원인 B학과 학생들은 대학을 들어온 과정이 조금씩 다르다. 중·고등학교에서는 같은 반 학생들은 같은 방식으로 들어왔다. 그러나 대학은 그 학과에 들어오게 된 과정이 다르다

(2)	(2)	(6)정시 실기	(5)	(5)
(2)	(2)	(4)	(5)	(5)
(2)	(2)	(4)수시 실기	(5)	(5)
(2)	(2)학생부종합	(3)	(5)	(5)수능
(1)	(2)	(3)논술	(5)	(5)
(1)	(2)	(3)	(5)	(5)
(1)학생부교과	(2)	(2)	(5)	(5)
(1)	(2)	(2)	(5)	(5)

- (1)의 4명은 '학생부교과'라는 전형으로 B학과에 합격했다.
- (2)의 14명의 학생은 '학생부종합'이라는 방식으로 B학과에 합격했다.
- (3)의 3명의 학생은 '논술'이라는 방식으로 B학과에 합격했다.
- (4)의 2명, (6)의 1명 학생은 정시/수시(실기 전형)으로 B학과에 합격했다.
- (5)의 16명의 학생은 '수능'이라는 방식으로 B학과에 합격했다.

> 단, 한 학과에 실기도 포함한 모든 전형이 있는 경우는 별로 없다. 전형을 설명하기 위한 설정일 뿐이다.

강의실 예시 내용에 대학입시에 대해 알아야 할 것이 몇 개 있다.

- 이 내용은 서울·수도권 상위권대학 및 지방 거점대에 해당하는 것이다. 그 외 대학들은 대부분 교과, 실기, 수능만 있다.
- 다른 전형의 학생들끼리는 서로 경쟁하지 않고 B학과에 합격했다.
- 수시, 정시에 따라 다르고, 학교에 따라 다르지만 다른 전형으로 입학한 학생과는 경쟁하지 않는 경우가 많다.
- 각 전형의 학생들은 그 전형이 본인에게 가장 유리해서 그 전형을 선택해서 입시를 치르고 합격한 것이다.

◆ **아래 표는 각 전형은 어떤 평가 방법으로 학생을 평가하는지를 추가한 것이다.**

구분	전형명		평가 방법
수시	학생부 전형	(1) 학생부교과	ⓐ 교과 100% ⓑ 교과+비교과 ⓒ 교과+면접
		(2) 학생부종합	교과+비교과+면접
	(3) 논술		논술+교과
	(4) 실기		예체능 실기+교과
정시	(5) 수능		ⓐ 수능 100% ⓑ 수능+생기부 ⓒ 수능+교과
	(6) 실기		예체능 실기+수능

앞에서 대학입시에서는 성적 이외에도 다른 방법을 포함해서 학생을 선발하고 있다고 한 설명을 통해 대학이 다양한 능력을 가진 인재를

선발하기 위해서 다양한 방법으로 선발하고 있다는 것은 이해했을 것이다. 그렇다면 학생 입장에서는 대학이 다양한 방법으로 선발하고 있다는 것은 어떤 의미가 있을까? 학생 입장에서는 다양한 방법 중에서 어떤 것이 본인에게 가장 유리한 전형인지 선택하는 것이 필요하다.

지금의 대학입시 준비는 어떤 전형이 본인에게 가장 유리한 전형인지 미리 파악한 후, 더 유리하고 효과적으로 준비해 가야 한다. 그렇다면 각 전형의 특징에 대해 알아보도록 하자.

(1) 학생부교과 전형

학생부교과전형은 교과(내신)가 합격에 가장 중요한 요소이다. 교과가 가장 중요한 요소이지만 다른 요소들도 합격에 영향을 주기도 한다. '교과'가 내신성적을 의미한다는 것은 '1부 입시 용어 설명'에서 설명했다.

① 평가 방법

학생부교과전형의 평가 방법은 대학교에 따라서 ⓐ,ⓑ,ⓒ로 나누어진다.

ⓐ 교과 100%: 생활기록부의 교과(내신성적)만으로 평가한다.

ⓑ 교과+비교과: 교과와 비교과(정성평가)를 같이 평가한다.

　〈예시〉 교과 70%+ 비교과 30%

ⓒ 교과+면접: 교과와 면접을 같이 평가한다.

면접의 형식은 학교에 따라 다르다.

면접이 합격에 영향을 많이 준다.

② 특징

- 내신 성적이 좋은 학생이 유리한 전형이다.
- 상위권 대학은 『ⓑ 교과+비교과』 방식이 많다.
- 상위권 대학은 높은 수능 최저등급을 요구하고 있다.
- 상위권 대학은 고교별로 지원할 수 있는 인원을 제한하고 있다.

  (예: 고교별로 20명 또는 고교별 10% 만 지원 가능)

- 지원 자격에 제한이 있는 경우가 있다. (예: 재학생만 지원 가능, 재수

  생까지만 지원 가능 등)

- 합격 커트라인이 매우 높다. (서울권 1등급 초~2등급 중)
- 서울·수도권 및 지역 국립대를 제외한 대학들은 수시모집에 학생

  부교과전형만 있는 경우가 많다.

- 서울대는 학생부교과전형이 없다. 즉, 내신성적만 좋아서는 서울

  대에 진학할 수 없다는 것이다.

- 내신 성적은 대학교별로 반영과목이 조금씩 다르다.
- 내신 성적은 상위권 대학일수록 전과목 반영이 많다.

③ 앞으로의 변화 예상

서울 상위권대학 및 지방 국립대는 ⓐ 교과 100%가 줄어들고, ⓑ 교과+비교과가 늘어나고 있다. 그러므로 학생부교과전형으로 상위권 대학을 지원하려는 학생은 성적(내신)뿐만 아니라 비교과 활동도 잘 갖추어야 한다.

2023년 10월 대입제도 개편 내용 중 2025년부터는 내신이 5등급제와 1등급 10%로 변화되는 영향으로 내신의 변별도가 낮아져서 대학입시에서 비교과의 중요도가 더 높아진다.

(2) 학생부종합 전형

학생부종합전형은 정성평가이므로 대입전형 중 평가 방법을 이해하기 가장 어려운 전형이다. 학생부종합전형에 관해서 출판되어 있는 책이 정말 많은데 설명할 내용이 많아서 책이 매우 두껍거나, 여러 권으로 구성되어 있다. 이 책에서는 간단한 설명만으로 학생부종합전형을 이해하도록 해보자.

※ 비교과 활동을 하는 방법은 "II부 - 5. 입시에 도움이 되는 비교과 활동하는 방법"을 참조하면 된다.

① 의미

'학교생활기록부를 종합적으로 평가하는 전형'이라는 의미로 학생부종합전형이라고 한다. 일반적으로 줄여서 '학종'이라고도 한다.

② 이해하기 어려운 이유

생활기록부 평가는 정성평가이고 종합적으로 평가하므로 생활기록부를 평가해본 경험이 많지 않으면 평가 방법을 이해하기 어렵다. 그래서 학생과 학부모가 학생부종합전형의 평가 방법을 이해하는 것은 쉽지 않다.

- 정성평가: 숫자를 평가하는 정량평가보다 성질을 평가하는 정성평가가 이해하기 어렵다.
- 종합적 평가: 예를 들어 1개를 평가하는 것보다 10개를 비교해서 평가해야 하면 평가하는 것이 더 복잡해진다. 학생부종합전형의 평가는 생활기록부의 여러 가지 활동을 서로 비교해서 평가해야

하므로 복잡하고 평가 방법을 이해하기 어렵다.

③ 특징

- 재학생들이 가장 많이 합격하는 전형이므로 재학생들은 관심을 기울일 필요가 있다.
- 학생부종합전형을 실시하는 대학 중에는 수능 최저등급 기준을 적용하지 않는 대학이 더 많다.
- 자기소개서는 폐지되었다. 자기소개서는 학생의 비교과 활동에 대한 스토리를 알려주는 것인데 자기소개서가 폐지되었으므로 생활기록부에 학생의 스토리를 기록해주면 좋은 평가를 받기 좋다.
- 학교생활기록부 간소화와 대입제도 공정성 방안에 따라서 독서활동 상황 항목이 대학입시에 반영되지 않으므로 책을 읽은 내용이 생활기록부에 기록될 수 있도록 해야 한다.

④ 평가 방법

대부분은 1, 2단계로 나누어서 평가하는데, 단계 구분 없이 일괄적으로 평가하는 대학도 있다.

- 1단계: 서류평가(생활기록부)
- 2단계: 1단계 성적 + 면접

1단계에서는 서류평가로 생활기록부를 평가한다. 생활기록부의 교과와 비교과를 평가하여 모집인원의 3~5배수를 선발한다. 생활기록부의 비교과 평가는 정성평가이다. 예전에는 자기소개서와 교사 추천서를 제출했지만 지금은 제출하지 않는다.

2단계에서는 1단계를 통과한 3~5배수 인원이 면접을 실시한다. 면접 방식은 서류 기반 면접, 제시문 기반 면접 등 여러 방식이 있다.

각 대학에 따라서는 서류평가만 하는 대학도 있다.

⑤ 무엇을 어떻게 평가하나?

생활기록부의 교과와 비교과를 종합적으로 정성평가한다.

교과(내신) 성적뿐만 아니라 생활기록부에 기록된 진로활동, 동아리 활동, 세부능력 및 특기사항 등의 비교과 활동 기록을 종합적으로 평가한다. 학생부종합전형은 생활기록부 내용에서 무엇을 평가하는지 예시를 보면 조금은 이해가 쉬울 것이다.

- 새로운 지식을 획득하기 위해 자기주도적으로 노력한 것 있나?
- 지적 호기심을 바탕으로 사물과 현상에 대해 탐구하고 문제를 해결하려는 노력이 있나?
- 교과 활동이나 창의적 체험 활동에서 전공(계열)에 대한 관심을 가지고 탐색한 경험이 있나?
- 구성원들과 협력을 통하여 공동의 과제를 수행하고 완성한 경험이 있나?
- 타인을 위하여 양보하거나 배려를 실천한 구체적 경험이 있나?

　각 대학은 학생부종합전형을 조금씩 다르게 운영하고 있어서 요약해서 설명하는 것은 쉽지 않다. 그래서 서울 5개 대학에서 학생부종합전형을 공동으로 연구하고 발표한 내용이 있어서 소개하려 한다. 모든 대학에 적용되는 내용은 아니지만 학생부종합전형을 대략 이해하기에는 충분할 것 같다.

　건국대, 경희대, 연세대, 중앙대, 한국외대가 공동으로 학생부종합전형 공통 평가 요소 및 항목 개선 연구 결과를 2022년 2월에 발표했다. 연구의 목적이 고교학점제 등의 변화로 교육 환경이 변화되기 때문에 학생부종합전형의 평가도 변경할 필요가 있다는 것이었다. 그러므로 앞으로 입시를 치를 학생들은 변경되는 평가 요소 및 항목으로 학생부종합전형을 준비하면 좋겠다.

　인터넷에서 "5개 대학 공동연구 학생부종합전형 공통 평가 요소 및 평가항목"이라고 검색하여 대학 홈페이지로 가면 파일을 다운로드 받을 수 있다. 학생부종합전형에 대한 설명이 잘 되어 있으니 꼭 읽어보기를 바란다. 50페이지 정도의 내용이므로 꼭 읽을 것이라 믿고 자세한 내용 설명은 생략한다.

여기에서는 그중에서 중요한 내용 몇 가지만 소개한다. 아래의 표는 이전 내용과 새롭게 바뀐 내용을 보여주고 있다.

이전		⇨	개선안	
평가 요소	평가항목		평가 요소	평가항목
학업 역량	학업성취도		㉠ 학업 역량	학업성취도
	학업태도와 학업의지			학업태도
	탐구활동			탐구력
전공 적합성	전공 관련 교과목 이수 및 성취도	⇨	㉡ 진로 역량	전공(계열) 관련 교과 이수 노력
	전공에 대한 관심과 이해			전공(계열) 관련 교과 성취도
	전공 관련 활동과 경험			진로탐색활동과 경험
인성	협업 능력		㉢ 공동체 역량	협업과 소통 능력
	나눔과 배려			나눔과 배려
	소통 능력			성실성과 규칙 준수
	도덕성			리더십
	성실성			
발전 가능성	자기주도성			
	경험의 다양성			
	리더십			
	창의적 문제해결력			

이전 내용은 보지 않아도 되고, 개선안만 보면 된다.

각 평가 요소와 평가항목에 대한 설명을 소개한다.

㉠ 학업 역량

- 학업성취도: 종합적 학업능력, 추세적 발전 정도, 희망전공과의 연계
- 학업태도: 학업을 수행하고 학습해 나가려는 의지와 노력
- 탐구력: 지적 호기심을 바탕으로 사물과 현상에 대해 탐구하고, 문제를 해결하려는 노력

㉡ 진로 역량

- 전공(계열) 관련 교과 이수 노력 : 고교 교육과정에서 전공(계열)에 필요한 과목을 선택하여 이수한 정도
- 전공(계열) 관련 교과 성취도: 고교 교육과정에서 전공(계열)에 필요한 과목을 수강하고 취득한 학업 성취 수준
- 진로탐색활동과 경험: 자신의 진로를 탐색하는 과정에서 이루어진 활동이나 경험 및 노력 정도

ⓒ 공동체 역량

- 협업과 소통 능력: 공동체의 목표를 달성하기 위해 협력하며, 구성원들과 합리적인 의사소통을 할 수 있는 능력
- 나눔과 배려: 상대방을 존중하고 이해하여 원만한 관계를 형성하며, 타인을 위하여 기꺼이 나누어 주고자 하는 태도와 행동
- 성실성과 규칙 준수: 책임감을 바탕으로 자신의 의무를 다하고, 공동체의 기본 윤리와 원칙을 준수하는 태도
- 리더십: 공동체의 목표 달성을 위해 구성원들의 상호작용을 이끌어가는 능력

◆ 파일 내용 중 각 평가항목의 세부 평가 내용을 꼭 읽어보기를 바란다. 질문 형식으로 되어 있어서 쉽게 이해될 것이다. 복잡한 내용일수록 기본적인 내용을 정리하는 것이 중요하다. 위에서 말한 파일이 복잡한 학생부종합전형을 기본적인 내용으로 정리해놓은 것이라고 할 수 있다

⑥ 생활기록부 간소화와 대학입시 미반영 항목의 영향

정부의 학교생활기록부 간소화와 대입제도 공정성 방안에 따라서 대학입시 생활기록부의 기록이 간소화되고 대학입시에 미반영하는 항목이 생겼다. 생활기록부 간소화와 미반영 항목의 영향으로 입시 준비에

변화가 생긴 것이다. 또한 기록과 반영의 차이도 구분해야 한다. 기록이 안 되는 것도 있고 기록은 되지만 대학입시에 반영되지 않는 내용이나 항목이 있다.

◆ 반영되는 것, 반영되지 않는 것, 반영되지만 영향 적은 것

- 반영되는 항목: 창의적 체험 활동(봉사활동 제외), 교과 학습 발달상황, 행동 특성 및 종합의견
- 반영되지 않는 항목: 인적사항, 수상경력, 봉사활동, 독서 활동, 자격증 및 인증취득상황
- 반영되지만 영향이 적은 항목: 학적사항, 출결상황

◆ 생활기록부 간소화로 인한 두 가지 변화

㉠ 미반영 항목 증가

반영되지 않는 항목이 늘어나면서 반영되는 항목의 중요도가 더 커졌다. 반영되는 항목이 많을 때는 중요도가 분산되어 필요한 내용 몇 개를 놓치더라도 큰 영향이 없었다. 그러나 반영되는 항목이 줄어들면서 필요한 내용이 기록되지 않으면 큰 영향을 받게 된다.

독서 활동 항목은 반영되지 않지만 생활기록부의 다른 항목에 책을 읽은 내용이 기록되어야 좋은 평가를 받을 수 있다. 예전에는 책만 읽

으면 독서 활동 상황에 기록할 수 있어서 절차가 간편했다. 그러나 지금은 책을 읽어도 발표 등 추가적인 절차가 필요해져서 독서내용을 생활기록부에 기록하기가 비교적 불편해졌다. 그래서 생활기록부에 독서내용이 적혀있는 학생들이 많이 줄었다. 하지만 기억하자! 남들이 하지 않을 때 본인만 하면 좋은 평가를 받기가 좋다.

㉡ 입력 글자 수의 축소

생활기록부의 각 항목에 기록할 수 있는 글자 수가 축소되었다. 비교과 활동을 많이 하는 학생들은 예전같이 기록하면 칸이 부족하여 모든 내용을 입력할 수 없다. 그래서 중요한 활동 위주로 기록하게 되고, 내용을 기록할 때 사실적 내용만 간략하게 기록한다.

입력 글자 수 축소의 영향으로 많은 활동을 하는 것보다 핵심적이고 중요한 비교과 활동을 하는 것이 더 중요해졌다. 그래서 핵심적이고 중요한 활동을 구별하는 능력이 필요하다. 중학생 때 입시에 도움이 되는 비교과 활동을 많이 해본 학생들이 핵심적이고 중요한 활동을 구별하는 능력이 좋다.

◆ 기록 금지 내용

학교생활기록부에는 학교교육계획이나 학교교육과정에 따라 학교에서 실시한 각종 교육활동의 내용만 입력할 수 있다. 공인어학 시험 점

수, 모의고사 점수, 논문 작성, 도서 출간, 해외 활동 실적, 부모 친인척의 사회경제적 지위 암시 내용, 대학명 등은 기록할 수 없다.

인터넷에서 '학교생활기록부 기재요령'이라고 검색하면 교육청에서 제공하는 생활기록부를 기재하는 방법을 상세하게 설명한 파일을 볼 수 있고 다운로드도 가능하다. '학교생활기록부 기재요령'은 학교 교사가 생활기록부를 기록할 때 참조하는 목적으로 만든 책이다. 학생 및 학부모가 상세하게 설명된 책 전체를 볼 필요는 없고 관심 있는 부분만 보면 되겠다.

⑦ 대학에서 발표한 고등학교 교과 이수 권장과목

많은 대학들이 대학입시에서 원서를 넣은 대학 전공학과와 관련된 과목을 고등학생 때 수업을 들었는지를 중요하게 평가하고 있다. 문과 계열 전공학과들보다 이과 계열 전공학과들이 그렇게 평가하는 경우가 많다. 그런데 학생들 중에는 선택과목을 결정해야 할 때가 되어도 전공학과를 정하지 못하는 경우가 많다. 전공학과를 정하지 못했으므로 고등학교 때 대학 전공학과와 관련된 과목을 선택하지 못하고 다른 과목을 선택해서 대학입시에서 손해를 보게 된다. 이 책에서 계속 설명하고 있는 뒤의 출발선에서 출발하는 상황이 선택과목에서도 일어나는 것이다.

현재 고등학교에서는 일부 과목을 학생이 원하는 과목으로 선택해서 수업을 듣고 있고, 2025년부터 고교학점제가 시작되면 더 세분화된 과목을 선택해서 수업을 듣게 된다. 이에 대학들은 고등학생이 대학 진학 후 대학 전공 수업을 들을 수 있는 수준이 될 수 있도록 고등학생 때 배워야 할 과목을 제시하고 있다. 고등학생 때 꼭 배워야 하는 과목과 배웠으면 하는 과목으로 나누어서 제시하고 있다. 꼭 배워야 하는 과목을 핵심과목이라고 부르며, 배웠으면 하는 과목을 권장과목이라고 부르는데 각 대학교에 따라서 부르는 명칭은 조금씩 다르다. 대학이 핵심과목과 권장과목을 배우고 대학에 올라오기를 원하는 이유는 학문은 학습의 위계가 있어서 고등학교 단계에서 배워야 할 과목을 배우지 않으면 대학 공부하기가 어렵기 때문이다. 문과 계열보다는 이과 계열에 학습의 위계가 필요한 과목이 더 많다.

그렇다면 대학은 전공학과별로 어떤 과목을 제시하고 있는지 몇 개 대학을 예시로 설명해보자. 아래의 3개 대학이 제시하고 있는 핵심선택과목을 알아보자. 대학명 뒤의 " "를 인터넷에서 검색하면 해당 파일을 다운로드할 수 있다. 대학입시에 중요한 내용이므로 꼭 읽어보도록 하자

> ㉠ 서울대 "2024학년도 대학 신입학생 입학 전형 시행계획"
> ㉡ 동국대 "2024 동국대 학생부위주전형 가이드북"
> ㉢ 5개 대학 "자연 계열 전공학문 분야의 교과 이수 권장과목 안내"

⊙ 서울대 "2024학년도 대학 신입학생 입학 전형 시행계획"

서울대는 전공 연계 교과이수 과목은 지원자격과 무관하지만 모집 단위가 권장하는 과목의 이수 여부는 수시모집 서류평가 및 정시모집 교과평가에 반영한다고 발표하고 있다. 그리고 권장과목을 제시하지 않은 모집 단위는 진로적성에 따른 적극적인 선택과목 이수를 권장한다고 되어 있다. 즉, 서울대는 선택과목 이수가 합격에 영향을 주고 있으므로 학생들은 과목 선택에 주의해야 한다.

〈학과별 과목 선택 예시〉

경제학부	권장과목	미적분, 확률과 통계
물리학전공	핵심 권장과목	물리학II, 미적분, 기하
	권장과목	확률과 통계
화학부	핵심 권장과목	화학II, 미적분
	권장과목	확률과 통계, 기하
컴퓨터공학부	핵심 권장과목	미적분, 확률과 통계
간호대학	권장과목	생명과학I, 생명과학II
자유전공학부	권장과목	미적분, 확률과 통계

ⓛ 동국대 "2024 동국대 학생부위주전형 가이드북"

동국대학교는 서류 및 면접 평가 시 전공적합성 평가의 타당성을 높이기 위해 학과별 전공 관련 교과를 설정하여 평가에 반영하고 있다.

동국대의 발표에 의하면 인문계열학과는 국어, 수학, 영어 중심의 기초 학업 역량을 기반으로 전공 관련 교과 중심의 소양이 필요하다고 한다. 그 의미는 인문계열학과에서 제시한 전공 관련 교과는 필수는 아니라는 것이다.

반면에 자연계열학과는 전공 관련 교과를 선택해야 한다고 되어 있다. 예를 들면 물리, 반도체과학부에서 물리학과 수학의 기하 및 미적분에 대한 학습경험이 없거나 약학과에서 화학과 생명과학에 대한 학습경험이 없으면 선발하고 싶지 않을 것이라고 표현하고 있다.

〈동국대 전공 관련 교과 선택 예시〉

철학과	국어, 수학, 영어, 윤리
경제학과	수학, 영어, 정치와법, 경제
국어교육과	국어, 역사, 윤리, 사회문화
통계학과	수학
전자전기공학부	수학, 물리학, 화학
건축공학부	수학, 물리학
AI소프트웨어융합학부	수학
약학과	수학, 화학, 생명과학

ⓒ 5개 대학 "자연 계열 전공 학문 분야의 교과 이수 권장과목 안내"

경희대 고려대 성균관대 연세대 중앙대 5개 대학이 자연 계열 전공학과별로 고등학교 때 이수해야 할 과목에 대하여 공동으로 연구해서 발표했다. 이 발표 내용은 5개 대학의 학생부종합전형에서 실제로 평가에 활용하고 있다.

수학	핵심과목	수학I, 수학II, 미적분, 기하
	권장과목	확률과 통계
컴퓨터	핵심과목	수학I, 수학II, 미적분, 기하
	권장과목	확률과 통계, 인공지능수학
건설 건축	핵심과목	수학I, 수학II, 미적분
	권장과목	확률과 통계, 기하, 물리학I
천문 지구	핵심과목	수학I II, 미적분, 물리학I, 화학I, 지구과학I II
	권장과목	확률과 통계, 기하, 물리학I
간호 보건	핵심과목	수학I II, 확률과통계, 생명과학I II
	권장과목	미적분, 화학I, 화학II

(3) 논술전형

◆ **평가항목: 논술 시험 + 교과(내신성적) + 수능 최저**
◆ **평가 방법**

- 논술 + 교과 방식이 가장 많다.
- 비율은 조금씩 다르다. 예) 논술 70 % + 교과 30%
- 논술 100%인 대학도 있다.

◆ **논술 시험의 유형**

⊙ **문과 계열**

- 국어, 사회 or 국어, 사회, 통계
- 수능 국어 형태와 비슷해지고 있다.

ⓛ **이과 계열**

- 수학 or 수학+과학

◆ **특징**

- 논술전형은 주로 서울 수도권 대학 및 지역거점국립대에서만 실시한다.
- 경쟁률이 가장 높은 전형이다.
- 수능 최저를 통과하는 것이 중요하다. 수능 최저를 통과하는 비율이 지원자의 절반에도 못 미친다.
- 논술 시험은 각 대학이 발표하는 '논술 시험 안내 자료'와 '선행학습영향평가보고서'에서 기출문제 해설과 출제 방향을 알 수 있다.
- 논술 시험의 유형은 학교에 따라서 다르므로 꼭 확인하여야 한다.
- 약논술이라고 불리는 간소화된 논술 시험 형태의 대학이 몇 군데 있다.
- 논술전형은 국가의 사교육 억제 정책의 영향으로 모집인원이 축소

되었고 출제형식에 제한이 있다. 그러므로 오로지 논술전형만을 목표로 하는 것은 바람직하지 않다.

⑷ 실기 전형

- 수시모집의 실기 전형과 정시모집의 실기 전형을 같이 설명한다.
- 주로 예체능 분야의 학과에서 실기 전형을 실시한다.
- 컴퓨터 관련 학과에서 프로그래밍 실기를 실시하는 경우도 있다.

◆ 실기 전형의 전형 요소 및 방법

모집 시기	전형 요소	전형 방법
수시	실기, 내신	예) 실기 80% + 교과 20%
정시	실기, 수능	예) 실기 90% + 수능성적 10%

◆ 특징

- 실기 전형으로 학생을 선발하는 학과 중에는 실기가 없는 비실기로 학생을 선발하는 전형도 있다. 이 비실기 전형은 모집인원이 적고 내신성적 또는 수능성적 커트라인이 높은 경우가 많다.
- 실기 종류: 음악, 미술, 체육, 공연예술, 연기, 연출, 영상제작, 문예

창작, 웹툰, 프로그래밍 등
- 비실기 전형이 많은 학과 순서: 공연예술, 연기, 영상 > 체육 > 미술 > 음악

◆ **학년별 필요 정보**

- 실기 분야에 따라 다르지만 늦어도 고등학교에 진학하면 실기준비를 시작해야 한다.
- 체육 실기 중 비선수가 지원하는 일반전형은 고2에 시작하는 경우도 있다.
- 실기를 시작해야 하는 시기는 분야별, 개인별로 다르므로 전문가에게 상담을 받고 시작 시기를 결정하면 좋다.

◆ **앞으로 변화 방향**

예체능 실기 전형은 경쟁률과 실력이 점점 높아지고 있어서 일찍부터 계획하고 준비해야 한다.

(5) 수능전형

◆ **전형 요소: 수능성적, 교과, 비교과**

◆ **전형 방법**

- 수능성적 100%
- 수능성적 + 생기부
- 수능성적 + 교과

◆ **특징**

- 수능성적 100%로 모집하는 대학이 대부분이지만 SKY대학은 수능성적 100%만으로 모집하지 않는다.
- 정시모집은 3장의 원서를 작성할 수 있다.
- 상위권 재수생의 합격률이 높다. (70%)

- 영어와 한국사는 등급만 제공된다.

◆ **학년별 필요 정보**

고등학교 1학년 때부터 정시 수능전형만을 목표로 하는 것은 바람직하지 않다. 그리고 현재 수능시험이 변경될 예정이므로 바뀌는 수능시험이 본인에게 어떤 영향을 미칠지 모른다. 그러므로 수시모집에서 본인에게 유리한 전형을 가지고 있어야 한다. 앞에서도 설명했지만 상위권 대학을 목표로 하는 재학생들에게는 학생부종합전형을 추천한다.

◆ **앞으로 변화 방향**

- 최근 대학들이 정시모집에 수능성적 외에 다른 요소를 포함하는 방향으로 평가범위를 넓히고 있다. 서울대가 앞장섰고 고려대, 연세대가 그 뒤를 따라서 변경했다.
- 서울대는 2023 입시부터 정시모집 전체 인원을 수능성적 + 교과 + 비교과를 반영하여 선발하고 있다.
- 고려대는 2024 입시부터 정시모집 인원의 28%를 수능성적+교과를 반영하여 선발한다.
- 연세대는 2026 입시부터 서울대처럼 수능성적 + 교과 + 비교과를 반영하여 선발한다고 발표했다.

즉, 최상위권 대학들은 정시모집에서 수능 성적만으로 학생을 선발하지 않는다. 앞으로 수능성적에 다른 요소가 포함되는 학교가 더 늘

어날 것으로 예상된다. 수능성적만으로 학생을 선발하는 것은 시대의
흐름에 맞지 않기 때문이다.

3) 대학입시의 전체적인 특징

① 상위권 대학은 생활기록부 비교과의 중요성이 높아지고 있다

〈2024 대학입시 인서울 대학의 전형〉

구분		전형 유형	핵심 요소	모집 비율	유불리	특징
수시	학생부전형	학생부교과	내신	11%	재학생 유리	비교과 영향력 약 30%
		학생부종합	내신+비교과	36%	재학생 유리	비교과 매우 중요
		논술전형	논술	8%	상위권 재수생 유리	
		실기, 기타	실기	3%	-	
정시		수능전형	수능	40%	상위권 재수생 유리	상위권대 비교과 점점 중요해짐
		실기, 기타	실기	2%	-	

앞에서 상위권 대학들은 학생부교과전형에 비교과를 평균 30% 정도
포함한다고 설명했다. 학생부종합전형에서 비교과의 중요도는 그 무엇

보다 높다. 수능전형에서도 서울대와 연세대가 비교과를 포함해서 평가한다. 그리고 앞으로 다른 상위권 대학들도 수능전형에 비교과 기록이 포함될 것으로 예상된다. 즉, 대학입시 절반 이상의 모집인원 전형에 비교과가 포함된다는 의미가 된다.

앞에서 설명했지만 입시에 도움이 되는 비교과 활동을 제대로 하는 학생들이 많지 않다. 그러므로 진로방향을 정한 후 계획을 잘 세워서 비교과 활동을 한 학생들이 대학입시에서 매우 유리하게 되는 것이다.

다시 한번 더 강조한다. 이제 세상은 시험만 잘 치는 학생을 원하지 않는다.

② 재학생이 유리한 학생부종합전형에서 빠져나가는 상황

◆ 고등학교 3년간의 실제 상황 관찰

고교입시의 경험이 고등학교 생활과 대학입시에 어떤 영향을 주는지 일반적인 고등학생이 1학년 입학부터 3학년 입시까지 겪게 되는 상황으로 설명해 보겠다. 실제 본인이 겪는 상황이라고 상상하면서 설명을 보자. (모든 학교, 모든 학생에게 공통적으로 해당되는 것은 아니지만 일반적인 상황을 예시로 설명한다.)

㉠ 1학년 3월 개학부터 1학년 겨울방학까지

3월 개학을 하면 고등학교 1학년 학생들은 대학입시 설명을 듣게 된다. 학교의 상황에 따라 조금 다를 수 있지만 많은 고등학교들은 대학입시 설명에서 1학년 학생들에게 학생부종합전형이 재학생들에게 가장 유리한 전형임을 이해시키고, 학생부종합전형을 꼼꼼히 준비할 것을 강조한다. 대학입시 설명을 들어보면 너무나 당연한 얘기이므로 학생들도 긍정적인 반응을 보인다.

여기까지가 대부분 고등학생들의 공통된 상황이다. 그런데 이때부터 조금씩 차이가 생기기 시작한다. 중학교 때 고교입시를 경험해본 학생들과 경험해보지 않은 학생들 사이에 조금씩 차이가 생기기 시작하는 것이다. 즉 앞의 출발선에서 출발하는 학생들과 뒤의 출발선에서 출발하는 학생들의 간격이 점점 더 벌어지는 것이다. 두 경우의 차이는 입시 준비 경험과 진로방향이 정해져 있는가의 차이에서 생긴다.

고교입시를 경험해본 학생들은 대학입시 준비 방법을 조금 알고, 성적 외에 중요한 것이 있다는 것도 경험했다. 그리고 진로방향이 어느 정도 정해져 있으므로 고등학교에 입학하는 순간부터 입시에 도움이 되는 비교과 활동을 계획적으로 해가면서 당연히 공부에도 최선을 다할 수 있는 여유가 생긴다. 반면에 고교입시를 경험해보지 않은 학생들은 비교과 활동을 해야 한다는 생각만 가지고 있고 도움이 되는 비교과 활동을 하지도 못하고 불안해하다가 시간만 지나간다. 그렇게 되면 공부를 열심히 하는 것도 쉽지 않게 된다.

그 이후 고등학교 생활을 하다가 어느 순간부터 동아리도 잘못 선택한 것 같다는 생각이 들고, 다른 학생들은 입시에 도움이 되는 발표도 하고 보고서를 제출하는 것 같은데, 본인은 무엇을 어떻게 할지 몰라서 우왕좌왕하고 있음을 알고 불안해한다. 그러면 점점 비교과 활동을 할 의욕이 사라진다.

물론 고교입시를 경험해본 학생들도 고등학교 생활이 본인의 생각대로 잘 진행되는 것은 아니다. 그런데 고교입시를 경험해본 학생들이 가진 중요한 장점은 상담의 중요성도 인지하고 있다는 것이다. 중학생 때 입시를 경험하면서 혼자 스스로 고민하는 것보다는 선생님과 상담을 하는 것이 입시 준비에 시행착오를 겪지 않고 큰 도움이 된다는 것을 경험해보았기 때문이다. 그래서 순간순간 어려움이 발생하지만 선생님과 의논하면서 잘 해결해 간다.

반면에 고교입시를 경험해보지 않은 학생들은 상담의 중요성을 모르는 경우가 많다. 그래서 어려움이 생겼을 때 혼자 고민하다가 해결하지 못하거나, 너무 늦게 상담하러 와서 도움을 줄 수 없는 상황이 되어버린 경우가 많다. 옆에서 지켜보는 교사 입장에서는 정말 마음이 아픈 순간이다.

ⓛ 2학년 3월 개학 이후부터 2학년 겨울방학 전까지

2학년이 되면 학생부종합전형을 계속 준비할 것인지 고민하다가 많은 학생이 학생부종합전형을 포기해 버린다. 학생부종합전형을 포기하는 가장 큰 이유는 본인의 내신성적과 비교과 활동 기록이 불리한데, 내신성적과 비교과 활동 기록은 누적되므로 그때부터 열심히 해도 뒤집기는 어렵다고 판단하기 때문이다. 내신과 비교과는 실제로 누적되는 것이므로 그렇게 판단하는 것이 틀렸다고 말할 순 없다.

다만, 안타까운 것은 왜 1학년 때 입시에 도움이 되는 비교과 활동을 하지 않았는가이다. 또 안타까운 것은 왜 1학년 때 선생님과 비교과 활동에 관한 상담을 하지 않았는가이다. 대학교와 전공학과에 따라 상이하기 때문에 명확히 얘기할 수는 없지만 잘 준비된 비교과 기록은 내신 1등급 정도의 불리함을 극복시켜주는 경우도 있다. 그래서 고교 입시를 준비해본 학생들은 내신성적이 불리한 똑같은 상황이라도 상담을 통해서 계속 학생부종합전형을 준비하게 되고 대학입시에서 재학생에게 유리한 혜택을 받게 되어 합격 가능성이 높아진다.

학생부종합전형을 선택하지 않는 학생들이 일반적으로 선택하는 전형은 수능전형이다. 수능성적은 누적이 아니므로 그때부터 열심히 노력해서 성적을 올리면 원하는 대학에 합격할 수 있다고 판단하고 모의고사 성적향상에 집중한다. 아래의 그림과 같이 학년이 올라가면서 학생부종합전형을 목표했던 학생들은 줄어들고 수능전형을 목표로 하는 학생들이 늘어난다.

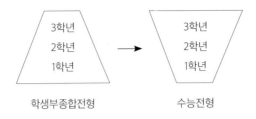

학생부종합전형   수능전형

ⓒ 2학년 겨울방학부터 대학입시까지

학생부종합전형 준비를 하지 않고 있던 2학년 학생들은 겨울방학이 되면 논술전형을 할지 말지 고민한다. 그리고 그중에서 일부 학생은 겨울방학에 논술 수업을 듣는다. 내신에 자신이 있고 비교과 활동을 하지 않은 학생중에는 학생부교과전형을 목표 전형으로 정하는 학생들도 있다.

시간이 흘러 수시모집 원서를 작성해야 할 때가 되었을 때 어떤 상황들이 생기는지 알아보자.

구분	전형 유형		전형 요소
수시	학생부전형	학생부교과	내신+면접
		학생부종합	내신+비교과+면접
	논술전형		논술+내신
	실기, 기타		실기+내신
정시	수능전형		수능
	실기, 기타		실기+수능

- 비교과 활동을 잘 준비했고 내신성적이 낮지 않은 학생들은 학생부종합전형에 지원할 것이다.
- 내신성적이 가장 유리하다고 판단하는 학생은 학생부교과전형에 지원할 것이다.
- 실기 전형을 준비해온 학생들은 실기 전형에 지원할 것이다.
- 논술을 준비해온 학생들은 논술전형에 지원할 것이다.
- 그리고 정시수능전형이 목표인 학생들은 수시모집에서는 논술전형에 지원하는 경우가 많다. 사실 수시모집에 지원할 전형이 마땅히 없고, 6번의 기회를 그냥 버리자니 아까워서 누적이 약한 논술전형에 지원하는 것이다. 그래서 논술전형의 경쟁률이 가장 높고 동시에 논술시험장의 결시율도 30%~50% 정도로 매우 높다.
- 정시모집은 고득점 N수생이 많아서 재학생들의 합격률이 낮다.
- 재수를 하는 비율이 높은데 재수를 하더라도 생활기록부는 변하지 않는다. 그래서 생활기록부가 좋지 않은 학생들은 재수를 할 때 재학생 때와 마찬가지로 수시모집은 논술전형, 정시모집은 수능전형을 선택하는 경우가 많다.

일반적인 고등학생이 겪게 되는 상황을 1학년 입학부터 3학년 입시까지 알아보았는데 그 상황에서는 보이지 않는 누적 형태의 유불리함이 포함되어 있다. 시간이 지날수록 누적되는 전형에서 불리해지는 학생이 점점 많이 지므로 누적률이 약하거나 누적이 안 되는 전형으로 많은 학생들이 몰리게 된다. 결국 누적되는 전형은 경쟁자가 점점 줄어들고, 누적이 없는 전형은 경쟁자가 점점 늘어난다.

◆ **전형 유형과 누적**

아래의 표에서는 전형 유형과 누적의 관계를 설명하고 있다.

구분	전형 유형		전형 요소	누적률
수 시	학생부 전형	학생부교과	내신+면접	면접 빼면 100%
		학생부종합	내신+비교과+면접	면접 빼면 100%
	논술전형		논술+내신	비교적 낮다
	실기, 기타		실기+내신	비교적 낮다
정 시	수능전형		수능	0%
	실기, 기타		실기+수능	비교적 낮다

- 내신 성적은 누적되는 것이 눈에 명확히 보인다.
- 생활기록부의 비교과 내용은 누적되는 것이 눈에 보인다
- 논술전형은 누적이 아니지만, 내신이 포함되므로 누적 약함이다.
- 실기 전형은 누적이 아니지만, 내신이 포함되므로 누적 약함이다.
- 수능전형은 누적이 아니다. 일부 최상위권 대학은 누적 약함이다.
- 그런데 실력도 누적되는 것임을 생각하지 못하는 순간부터 입시의 오류는 시작된다.

위의 실제 상황과 누적의 유불리를 이해할 수 있으면 대학입시의 많

은 부분을 이해한 것이다.

③ 서울대는 내신 및 수능성적만 좋아서는 합격할 수 없다

서울대는 내신 및 수능성적만 좋아서는 합격할 수 없다는 것은 공부만 잘해서는 서울대를 합격할 수 없다는 의미이다. 서울대에 대하여 설명하는 이유는 서울대가 시행하면 다른 대학도 뒤따라서 시행하는 경우가 많았기 때문이다. 참고로 서울대는 학생부교과전형, 논술전형은 실시하지 않는다.

〈서울대〉

구분	전형 종류	전형명	모집 비율	전형 방법
수시	학생부 종합 전형	지역균형전형 : 학교당 2명	25%	1단계: 서류평가(교과+비교과) 2단계: 면접
		일반전형	75%	1단계: 서류평가(교과+비교과) 2단계: 면접 및 구술고사
정시	수능 위주 전형	지역균형전형 : 학교당 2명	12%	수능성적 60%+교과평가 40%
		일반전형	88%	1단계: 수능 2단계: 1단계 80% + 교과평가 20%

※ 정시모집의 교과평가는 "교과+비교과평가"로 해석해야 한다.

서울대는 '정시교과평가'에 대하여 아래와 같이 설명하고 있다.

※ 정시교과평가는 학교생활기록부의 교과학습발달상황(교과 이수 현황, 교과 학업성적, 세부 능력 및 특기사항)만 반영하여 모집 단위 관련 학문 분야에 필요한 교과이수 및 학업수행의 충실도를 평가함

'교과 이수 현황'은 진로적성에 따른 선택과목을 이수했는지 평가한다는 것이다.
[예시] 공과대학의 교과이수 평가: 수학, 과학 교과에서 핵심권장과목과 권장과목을 이수했는지 평가하겠다는 것이다.

그러므로 서울대는 수시모집에서는 학생부종합전형만 있고, 정시모집에서도 비교과 평가가 포함되므로 일종의 학생부종합전형이라고 할 수 있다. 그래서 서울대는 제대로 된 비교과 활동 기록이 없이 성적만 좋은 학생은 합격할 수가 없다. 학교 현장에서 보면 오로지 공부에만 전념하는 상위권 학생들이 많이 있는데 그저 안타까울 뿐이다.

④ 논술전형의 경쟁률이 높은 이유를 알아야 한다.

학생들은 대학입시 결과를 확인할 때 경쟁률을 보는 경우가 많다. 대학입시에서 경쟁률이 의미 없는 것은 아니지만 대학입시에서 중요한 것은 커트라인이다. 대학입시에서 경쟁률의 의미가 적다는 예시를 들어보면 서울대 학생부종합전형의 일반전형 경쟁률이 8: 1 정도이다. 중위권 A대학의 같은 전형 경쟁률이 20: 1 이라고 했을 때 A대학 합격이

더 어려운 것은 아니다.

그래서 대학입시 결과를 통해 입시정보를 확인할 때 경쟁률보다는 이전 연도 커트라인을 확인하는 것이 중요하다. 이전 연도 커트라인을 많은 학교들이 학교 홈페이지에 공개하고 있다. 참고로 대학교 입시 정보를 확인할 때는 인터넷에서 대학교 이름을 검색하면 '대학교 입학처'가 보일 것이고 그것을 클릭하면 해당 대학교의 입학처로 연결된다. 학교에 따라서 조금 다르지만 그곳에 이전 연도 입시 결과 등의 자료가 있으니 확인하면 된다. 입학처 화면에 들어가서 이것저것 클릭해보면 도움이 되는 자료를 많이 확인할 수 있을 것이다.

• 서울 주요 대학의 전형별 평균 경쟁률은 아래와 같다. 평균 경쟁률은 대학입시를 준비하는데 큰 의미가 안 될 수도 있다. 경쟁률은 대학교에 따라서 다르고 같은 대학교라도 학과에 따라서 차이가 많기 때문이다. 아래의 서울 주요 대학의 전형별 평균 경쟁률에서 논술전형의 경쟁률은 58: 1로 가장 높다.

〈서울 주요 대학들의 전형별 평균 경쟁률〉

학생부교과전형	10: 1
학생부종합전형	13: 1
논술전형	58: 1
수시 실기 전형	20~50: 1
수능전형	5: 1
정시 실기 전형	8: 1

2024 대학입시 수시모집 논술전형에서 경쟁률이 660 : 1인 곳이 있었는데 8명 모집에 5,286명이 지원한 것이다. 논술전형의 경쟁률이 높은 것은 학생들이 많이 몰린다는 것인데 도대체 왜 이렇게 많은 학생들이 논술전형에 지원하는 것일까?

지금 논술전형의 높은 경쟁률을 통해 설명하려고 하는 것은 대학입시 때 의미 없이 논술전형에 지원하는 상황을 만들지 말라는 것이다. 6번의 기회를 그냥 버리자니 아까워서 논술전형에 지원하는 경우가 많다. 그래서 논술전형의 경쟁률이 가장 높고, 동시에 논술시험장의 결시율이 30%~50% 정도로 매우 높다. 즉, 의미 없이 논술전형에 지원하는 학생이 매우 많다는 것이다. 학생부종합전형의 유리함을 버리고 논술전형과 수능전형의 불리함에서 경쟁하는 재학생들의 모습을 보면 마음이 아프다.

재학생은 학생부종합전형과 학생부교과전형이 유리한데 그중에서 학생부교과전형은 서울권 대학의 모집정원이 적어서 유리함에 해당하는 학생이 적다. 그래서 일반적으로 상위권 대학을 진학하려는 재학생은 학생부종합전형을 목표로 하는 것이 가장 효과적이다.

⑤ 새로운 2028 대입제도 설명 및 준비 방법

교육부가 2023년 10월 10일에 현재 중2 학생들에 해당하는 2028 수능과 2025년 내신 평가 방식의 변경 시안을 발표하였다. 최종 확정은 아니지만 수능과 내신의 평가 방식이 변화된다. 변화 내용을 설명하고 변화에 따라서 미리 준비해야 할 것을 알아보자.

㉠ 변화내용

〈수능〉

- 2028학년도 수능부터 국어, 수학, 탐구에 선택 과목이 없어진다.
- 문이과 구분없이 모든 학생이 같은 과목의 시험을 치른다.
- 단, 이과생 과목인 심화수학의 개설은 논의 중이다.

영역		~2027 수능	개편안 2028 수능
국어		공통: 독서, 문학 선택1: 화법과작문, 언어와매체	공통 : 화법과언어, 독서와작문, 문학
수학		공통: 수학I, 수학II 선택1: 확률과통계, 미적분, 기하	공통 : 대수, 미적분I, 확률과통계
영어		공통: 영어I, 영어II	공통 : 영어I, 영어II
탐구	사회·과학	(선택 2과목) 사회: 9과목/과학: 8과목	공통: 통합사회
			공통: 통합과학
	직업(특성 화고)	공통: 성공적인 직업생활 선택1: 농업 기초 기술 외 4과목	(특성화고) 공통: 직업

한국사, 제2외국어, 한문은 그대로 유지함

〈내신〉

• 2025년부터 내신을 5등급제, 상대평가로 변경한다.

• 1등급의 비율을 4%에서 10%로 늘린다.

• 내신의 논·서술형 평가 확대가 예정된다.

㉡ 영향

• 생활기록부 비교과의 중요성이 더 높아진다.

• 내신과 수능 모두 변별력이 낮아진다.

• 이과생들은 수학과목인 심화수학의 개설 여부에 주목해야 한다.

• 문이과 통합으로 수학 성적이 중요해질 수 있다.

• 수능에서 과목 선택이 없어지는 것은 아쉬운 결정이지만, 내신 과
목 선택할 때 본인 진로방향에 필요한 과목은 꼭 공부할 수 있도
록 해야 한다. 입시의 변화에 흔들리지 말자.

3. 취업에 대한 설명

취업을 설명하는 이유는 취업의 채용 방법이 대학입시의 학생부종합
전형과 연관성이 있다는 것을 설명하기 위함이다. 그러면 먼저 취업의
채용 방법이 어떤 방식으로 진행되는지 알 필요가 있겠다. 취업의 채용
방법을 잘 이해해서 자기주도학습전형과 학생부종합전형을 준비할 때
동기부여가 될 수 있기를 바란다. 그리고 취업은 멀리 있는 것이 아니
라 생각보다 가까이 있음을 꼭 기억해두자.

1) 취업의 현재 상황

(1) 일자리가 줄어들고 있다

언론을 통해 많이 들었겠지만, 일자리가 줄어서 취업이 잘 안되고 있
다. 더욱이 자동화와 인공지능의 영향으로 앞으로 취업이 더 어려워진
다고 한다. 그러므로 학생들은 일자리가 계속 유지되는 분야에 관심을
가져야 한다. 하지만 명확한 꿈을 가지고 본인의 미래 직업에 대해 고

민하는 학생들이 많지 않기 때문에 부모가 자녀의 미래 직업에 대해 자녀들과 종종 대화를 나누는 것이 필요하다.

취업을 얘기할 때 문과의 취업문이 더 좁다는 얘기를 하지 않을 수 없다. 학생들은 취업이 안되는 분야는 왜 취업이 안되는지 알아야 한다. 또한 취업이 잘되는 분야는 왜 취업이 잘되는지도 알아야 한다.

(2) 기업은 출신 대학이 아니라 직무능력평가로 채용한다

학생과 학부모들이 취업에 대해서 가장 크게 오해하는 것은 상위권 대학을 나와야만 취업을 잘한다는 것이다. 하지만 요즘 취업시장의 트렌드는 지원자의 출신 대학보다는 지원자의 직무능력에 관심을 기울이고 있다. 기업이 채용에서 지원자의 출신 대학을 보지 않은 것은 꽤 오래되었다.

이제는 취업을 위해서라면 "좋은 대학"이 아니고 "좋은 전공"에 관심을 가져야 한다. 물론 전공은 적성에 적합해야 한다. 대학의 전공은 회사의 "직무능력"과 연결된다. 즉, 기업은 전공 능력을 평가하여 채용하는 것과 마찬가지이다.

직무능력이 무엇인지 이해해야 취업을 이해할 수 있으므로 직무능력에 대해 알아보자. 직무능력이라는 단어와 개념은 평소에 학생들이 잘 사용하지 않는 것이므로 천천히 읽어보고 꼭 이해하기 바란다.

쉬운 이해를 위해서 '직무'라는 단어의 의미를 설명한다.

예를 들어 A상품을 생산하고 판매하는 회사로 설명해 보자. 이 회사에는 A상품을 설계, 제작, 판매하는 일이 있다고 하자. 이때 "A상품을 설계하는 일"을 "A상품을 설계하는 직무"라고 한다. 또는 "A상품을 제작하는 일"을 "A상품을 제작하는 직무"라고 한다. 즉, '직무'는 '일' 또는 '일자리'를 의미한다.

'직무능력'의 의미를 간단하게 설명하면 '어떤 특정한 일(전공)을 잘하는 것이다. 직무능력을 이해하는 것은 채용을 이해할 때 꼭 필요한 것이므로 아래에서 구체적인 예로 설명하겠다.

A, B 기업은 C라는 일을 하는 같은 업종의 경쟁 기업이다.

A기업도 C라는 일을 해야 하는 자리에 사람을 채용하려 한다.
B기업도 C라는 일을 해야 하는 자리에 사람을 채용하려 한다.

D지원자: 유명 대학 출신, C일을 잘 하지 못한다.
E지원자: 보통 대학 출신, C일을 잘한다.

위의 상황으로 아래와 같이 가정해서 얘기해보자.

당신은 A기업의 채용 담당자이다. D, E 지원자 중 누구를 채용하겠는가?

만일 당신은 출신 대학이 중요하다고 생각해서 D지원자를 채용했다고 하자.

그리고 필자는 B기업의 채용 담당자이고 일을 잘하는 것이 더 중요하다고 생각해서 E지원자를 채용했다고 하자.

나와 당신의 결정이 A, B기업에 어떤 영향을 주었을까? 잘 판단되지 않는가? 그렇다면 조금 더 확장해서 극단적으로 생각해보자.

A, B기업은 C일을 하는 직원이 각각 100명씩 있는데 A기업은 그 100명을 출신 대학을 기준으로 채용을 해왔고, B기업은 그 100명을 일을 잘하는가를 기준으로 채용을 해왔다고 해보자. C일에 대한 경쟁에서 어느 기업이 더 유리할까 생각해보자. 필자는 당연히 B기업이 더 유리하다고 생각한다. 당신의 생각은 어떤가?

물론 기업의 실제 채용에서는 단순히 한 가지 요소만으로 채용하지는 않는다. 위의 상황은 설명을 위하여 한 가지 요소만으로 비교해본 것이다.

요즘 기업들은 가능하면 직무능력을 기준으로 직원을 채용하려고 노력한다. 이렇게 직무능력중심으로 채용하는 것을 다른 용어로 블라인드 채용 방식이라 한다. 공기업들은 모두 블라인드 채용 방식이며, 일반 기업들도 점점 블라인드 채용 방식으로 변해가고 있다.

많은 기업의 채용지원서에 출신 대학을 적는 칸이 없어지고 있다. 그리고 자기소개서에 출신 대학이나 부모의 배경에 관한 내용은 적지 말라고 안내하고 있다. 즉, 기업은 지원자의 출신 대학과 부모의 배경에 관심이 별로 없다는 것이다. 블라인드 채용은 직무능력 외에 다른 것들은 블라인드로 가린 것처럼 보지 않고 채용한다는 의미이다.

블라인드 채용 방식에서의 핵심은 **직무능력**이다.

⇩

직무능력은 어떤 분야의 일을 잘하는 능력이다.

⇩

어떤 분야의 일을 잘하는 능력은 **전공학과**와 관련 있다.

⇩

전공학과에 대한 능력을 가지고 있어야 취업에 유리하다.

(3) 공대중심(이과중심)의 채용

조선일보(2021.9.7.)에 있는 『주요 대기업 최근 3년간 신입사원의 문·이과 전공 비율』을 보면 주요 대기업에서 채용한 신입사원의 80% 정도는 이과 계통의 전공자임을 알 수 있다. 우리나라 주요 대기업인 삼성전자, LG전자, SK하이닉스, LG에너지솔루션, 현대차, 포스코, 네이버, 카카오에서는 채용된 신입사원을 문이과로 나누어봤을 때 이과 계통 출신이 78%~90%였다. 이 내용은 대기업에 취업하는 것이 중요하다는 것이 아니라, 현재 우리나라 기업의 채용 방향이 어디로 흘러가고 있는지를 설명하는 것이다.

이 내용에서 우리가 주목해야 할 것은 "왜 기업들은 공대중심(이과중심)의 채용을 하는가?"이다. 기업들에게 "왜 기업들은 공대중심(이과중심)의 채용을 하는가?"라고 질문하면 어떤 대답을 할까? 당연히 기업들은 기업에 도움이 되는 사람을 뽑았을 뿐이라고 대답할 것이다. 누구나 생각할 수 있는 대답이다.

이 내용을 읽고 있는 학생들은 현재 본인이 희망하는 전공학과에서 배우는 전공이 이 세상의 어디에서 필요로 할까 생각해보자. 단순히 '필요하겠지'라고 쉽게 생각하지 말고 보다 구체적으로 생각해보자. '대학을 졸업하면 어디엔가 취업하겠지'라고 생각하는 것은 아주 예전 방식이다. 이제는 그런 시대가 아니다. 산업구조가 많이 바뀌면서 대학 전공학과의 취업률도 많이 변화되었다. 특히 문과계통의 학과들과 연관된 채용방식이 사라지면서 문과계통 학과의 취업률이 많이 하락하였다.

취업에 관해서는 다양한 분야에 대해 진로탐색을 할 필요가 있다. 사람들은 본인의 경험 범위 내에서 진로방향을 결정하게 된다. 그런데 우리나라 학생들은 경험 범위가 넓지 않고, 알고 있는 직업도 많지 않다. 그래서 주변에서 보이는 직업이나 TV에서 보이는 직업에 관심을 가지는 경우가 많다. 공대 계열의 직업은 주변에서 잘 보이지 않고 TV에서도 잘 보이지 않는다. 그러다 보니 공대 계열 직업에 관심을 가지는 학생들이 많지 않다.

　다양한 분야의 진로탐색은 매우 중요한 과정이다. 초등학교와 중학교를 거치면서 진로체험을 다양하게 해 본 학생들은 폭넓은 범위에서 직업 분야를 선택하고 그 선택에 만족하는 경우가 많다. 그러한 상황이 앞의 출발선에서 출발하는 상황이라는 것을 설명했었다. 다양한 분야를 진로 탐색해보지 않은 학생들은 현재 본인이 늦었다고 할 수 있겠지만 늦었다고 생각할 때가 가장 빠른 때라는 것을 꼭 기억하자. 그리고 지금부터라도 다양한 분야를 알아가려고 노력한다면 좋은 결과가 있을 것이다.

4. 진로진학 상담의 중요성

1) 학생과 학부모는 진로진학을 알기 어렵다

진로진학에서는 계획을 세우는 것이 중요하다. 진로진학은 미래에 벌어질 일인데, 학생들은 미래를 살아보지 못했기 때문에 스스로는 미래에 대한 계획을 세우기가 어렵다. 학부모가 도와주려 해도 진로진학에 관한 내용이 많이 바뀌어서 도와주기가 어렵다. 그래서 현실적으로 학생과 학부모만의 노력으로 진로진학에 관하여 효과적으로 계획하는 것이 쉽지 않다.

진로진학은 자기 스스로를 객관적으로 보는 태도가 굉장히 중요하다. 상담해보면 학생도 자신을 잘 모르지만, 학부모도 자녀를 모르는 경우가 많다. 예를 들어 성적 상담을 할 때 현재는 성적이 좋지 않지만, 앞으로는 성적이 향상될 거라고 근거 없는 자신감을 얘기한다. 그리고 학부모는 학생의 학교생활을 잘 알지 못해서 엉뚱한 판단을 하는 경우가 많다.

2) 개인 맞춤식 진로진학 상담은 전문성이 필요하다

진로진학 상황은 개인별로 모두 다르다. 그래서 진로진학 상담은 개인 맞춤식 상담이어야 한다. 개인 맞춤식 상담은 고려해야 하는 것이 많으므로 상담자의 전문성이 요구된다.

진로진학 상담의 기본적인 절차는 『㉠개인의 이해 → ㉡직업세계의 이해 → ㉢개인과 직업의 연결』이다. 학생과 학부모가 ㉠㉡㉢에 대하여 잘 알고 있고 스스로 할 수 있으면 좋겠지만 현실적으로 쉽지 않다. 상담자의 도움이 꼭 필요하다. 그래서 ㉠㉡㉢은 상담자가 갖추어야 하는 능력이라고도 할 수 있다.

㉠ 개인의 이해

개인의 흥미, 적성, 능력, 가치관, 생활 환경 등을 분석하는 것이 필요하다.
- 흥미: 관심과 같은 의미이며, 쉽게 바뀔 수 있는 특징이다. 흥미 검사의 결과로 직업을 선택하는 것은 적절하지 않다.
- 적성: 어떤 일에 알맞은 소질이나 성격을 의미한다.
- 능력: 어떤 일을 해내는 힘을 의미한다.
- 가치관: 어떤 결정을 하거나 선택할 때의 판단 기준이다.

ⓛ 직업세계의 이해

- 각 직업은 직업세계의 큰 흐름 속에서 같이 변화되기 때문에 직업
  세계의 큰 흐름을 이해하는 것이 필요하다.
  〈예시〉 4차산업혁명 및 인공지능과 자동화의 영향, 인구 감소와
  　　　　고령화 사회
- 개인의 특성을 이해해야 하듯이 각 직업의 특성도 이해해야 한다.

ⓒ 개인과 직업의 연결

- 개인의 특성과 직업의 특성을 연결하는 것은 꼭 필요한 과정이다.
- 많은 것이 고려되어야 하므로 쉬운 과정이 아니고 쉽게 판단해서
  도 안 된다.

5. 입시에 도움이 되는
비교과 활동하는 방법

※ 주의: 모든 비교과 활동은 가치가 있고 중요하다. 그런데 입시에서는 비교과 활동의 가치와 중요도를 구별할 수밖에 없다.

　　많은 학생이 비교과 활동을 잘 모르겠고, 무엇을 어떻게 해야 하는지 잘 모르겠다고 한다. 그래서 비교과 활동에 대해 아래와 같이 상세히 설명한다.

1) 교과와 비교과 구별하기

　┌ 교과: 성적(내신 성적)
　└ 비교과: 생활기록부에서 성적을 제외한 나머지
　☞ 단, 수행평가의 결과는 교과(내신 성적)에도 포함되고, 비교과에도 포함된다. 비교과에는 활동내용이 기록된다.

◆ **생활기록부를 펼쳐서 교과와 비교과를 구분해보자**

학교생활기록부의 항목들

① 인적사항

② 학적사항

③ 출결상황

④ 수상경력

⑤ 창의적 체험 활동상황

⑥ 교과학습발달상황(㉠교과성적, ㉡세부능력 및 특기사항)

⑦ 독서 활동상황

⑧ 행동특성 및 종합의견

⑨ (중학교)자유학기 활동상황

⑩ (고등학교)자격증 및 인증취득상황

⇩

┌ 교과 : ⑥교과학습발달상황의 ㉠교과성적

└ 비교과 : ⑥교과학습발달상황의 ㉠교과성적를 제외한 나머지 모든 기록

〈교과와 비교과의 차이〉

	교과(성적, 내신)	비교과
목표 방향	모든 학생이 같은 방향으로 간다.	모든 학생이 다른 방향으로 간다. (진로방향에 따라)
중간 점검	전체에서 나의 현재 위치를 알기 쉽다.	전체에서 나의 현재 위치를 알기 어렵다.
비교	다른 학생과 비교하기 쉽다. (정량평가)	다른 학생과 비교하기 어렵다. (정성평가)
타인 도움	타인(부모님, 담임)이 챙겨주기 쉽다.	타인(부모님, 담임)이 챙겨주기 어렵다.

- 비교과의 가장 큰 특징은 다른 학생과 비교해서 현재 나의 위치를 알기 어렵다는 것이다. 그리고 부모님은 대부분 비교과에 대하여 얘기하지 않는 경우가 많다. 학교 선생님도 비교과에 대하여 얘기해주는 자극의 강도가 조금씩 다른 것 같다. 사실 선생님이 얘기해줘도 비교과를 실제로 잘 만들어 가는 학생은 많지 않다. 반면에 교과(성적)는 중간고사, 기말고사, 모의고사 등을 통해서 본인의 위치를 파악할 수 있다. 그리고 부모님, 선생님이 그 성적을 가지고 학생에게 자극을 준다.

학생들은 성적은 다른 학생들과 비교하려 하지만 비교과 활동은 비교할 수 없으므로 비교하려 하지 않는다. 하지만 비교과도 누적되는 것이므로 본인의 눈에 보이지 않을 뿐이지 다른 학생들의 비교과는 누적되고 있다.

2) 학생들이 비교과를 잘 모르겠다고 하는 이유

① 생활기록부를 읽어본 적이 별로 없다

비교과의 내용은 생활기록부에 기록되는데 생활기록부는 읽어보는 횟수가 일 년에 1~2번 정도로 적기 때문에 비교과에 익숙해지기는 힘들다. 현실적으로도 생활기록부를 일 년에 1~2회보다 더 많이 읽어보는 것은 쉽지 않다. 그러므로 1~2번 읽어보더라도 꼼꼼하게 읽어보는 것이 필요하다. '생활기록부 온라인 출력 서비스'를 활용하여 생활기록부를 확인하는 것도 좋은 방법이다. 또한 생활기록부에 기록된 내용을 학교 선생님과 상담하며 생활기록부를 더욱 잘 이해하고, 효율적인 생활기록부를 만드는 것이 중요하다.

② 비교과는 정량평가이기 때문에 이해하기 어렵다

구분	정량평가	정성평가
수치화	가능	불가능
평가 대상	양	성질
평가 기준	명확함	명확하지 않음
예시	내신성적, 키, 몸무게	비교과 평가, 성실함, 아름다움

정량평가인 성적은 숫자로 명확하게 표시되므로 평가·비교하기 쉽다. 반면에 정성평가인 생활기록부 비교과 평가는 평가·비교하기 쉽지 않다. 오랫동안 평가해본 전문가들은 평가·비교할 수 있지만, 학생과 학부모는 어려운 일이다. 그러므로 비교과 활동 전·후에 학교 선생님과 상담을 많이 하면 비교과 활동에 대한 개념을 이해하는데 도움이 된다.

대부분의 학교에서는 학생과 학부모에게 비교과 활동을 잘 이해할 수 있도록 특별 강의를 개설하고 있으니 참여하면 도움이 될 것이다. 또는 인터넷을 검색하면 비교과 활동에 관한 다양한 형태의 자료들을 확인할 수 있다.

평가 기준이 명확하지 않은 정성평가에 대한 강의는 한 강사의 강의보다는 여러 강사의 강의를 듣는 것이 정성평가를 전체적으로 이해하기 좋다.

③ 학생은 처음 하는 것이라 이해하기 어렵다

무엇이든지 처음 하는 것은 쉽지 않다. 그러나 여러 번 하면 요령이 생긴다. 대다수의 고등학생은 중학교 때 비교과 활동을 제대로 수행해 본 경험이 별로 없다. 그러다 보니 고등학교에 오면 비교과 활동에 대한 고민만 커지는 것이다.

지금 이 책을 읽고 있는 고등학생 중 비교과 활동을 해본 적이 없어서 고민인 학생들에게 얘기한다. 처음이라서 고민은 되겠지만 고민이 고민을 해결해주지 않는다. 일단 비교과 활동을 시작해보라! 그러면 경험과 요령이 생길 것이다.

④ 학부모는 비교과를 하지 않아서 모른다

학부모님들의 중고등학교 시절에는 학교생활기록부가 입시에 활용되지 않았다. 그래서 그 시절에는 생활기록부 기록에 교사, 학생 모두 관심이 없었다. 예를 들면 동아리 활동을 했지만 활동 내용은 열심히 했다는 정도만 기록했다. 그러므로 학부모님의 기준으로 비교과의 중요성이나 활동 방법을 판단하지 말자.

비교과는 그나마 학생들이 학부모보다 더 잘 알고 있다. 이제는 학부모도 비교과 활동에 관한 강의나 자료를 공부해야 한다.

3) 비교과의 종류 — 누가 계획하는가?

비교과 활동은 누가 계획하는가에 따라서 준비, 활동, 기록이 달라진다.

(1) 학교가 계획하는 활동

학교는 1년 학교 행사 계획을 3월에 미리 공지한다. 학생과 학부모는 학교의 연간 계획을 보고 어떤 행사에 참여하여 어떤 활동을 할지를 미리 계획을 세우면 좋다. 학교 연간 계획에서 참고할 비교과 활동은 각

종 대회와 각종 행사가 있다. 언제 어떤 내용의 대회와 활동이 있는지를 알고 있으면 미리 준비해야 할 것이 있는지를 파악할 수 있게 된다.

(2) 교사가 계획하는 활동

교사는 본인 수업 과목에서의 비교과 활동 계획을 학생들에게 미리 알려준다. 수행평가 계획은 적어도 한 학기 계획은 알려준다. 그 외 생활기록부에 기록될 활동 계획도 미리 알려준다. 발표, 보고서 제출, 감상문 작성, 토론 등의 내용과 형식을 미리 알려준다.

앞서 말했지만 학생들은 공부만으로도 바쁘다. 그런데 대부분의 과목에서 수행평가를 실시하고 생활기록부에 기록될 다양한 활동을 한다. 학생들 입장에서는 여러 과목에서 비교과 관련 활동이 쏟아지는 것이다. 쏟아지는 모든 활동에 최선을 다하면 좋겠지만 일반적으로는 그렇게 하는 것이 쉽지 않다.

그래서 학생들은 선택과 집중이 필요하다. 생활기록부에 기록되었을 때 본인에게 더 도움이 될 것 같은 활동을 선택하여 다른 활동보다 더 집중할 필요가 있다.

(3) 학생이 계획하는 활동

학생 개인별로 계획을 세워야 하는 것이 있다. 물론 생활기록부에 기록되는 것은 학교나 교사의 계획에 의한 활동들이다. 학생들은 학교나 교사의 계획에 연관해서 본인이 해야하는 활동을 계획하여 수행하는 것이 필요하다.

(4) 비교과의 종류 — 어디에 기록되나?

생활기록부를 쭉 보면서 어느 항목에 어떤 비교과가 기록되는지 설명해보자.

학교생활기록부의 항목들

① 인적사항
② 학적사항
③ 출결상황
④ 수상경력
⑤ 창의적 체험 활동상황
⑥ 교과학습발달상황(㉠교과성적, ㉡세부능력 및 특기사항)
⑦ 독서 활동상황
⑧ 행동특성 및 종합의견
⑨ (중학교)자유학기 활동상황
⑩ (고등학교)자격증 및 인증취득상황

'① 인적사항'과 '② 학적사항'은 입시 평가 목적의 비교과로는 큰 의미가 없으므로 설명을 생략한다.

③ 출결상황

출결상황은 성실함을 보여주는 항목인데, 사실 대부분 학생은 큰 차이가 없다. 출결상황 기록에서 조심해야 하는 것은 미인정 지각·조퇴·결과·결석이다. 미인정 지각, 조퇴, 결과, 결석했을 때는 사유가 꼭 기록될 수 있도록 해야 한다.

출결상황에 기록되는 중요한 내용이 학교폭력 관련된 내용인데, 학교폭력 관련 내용은 "행동특성 및 종합의견"에도 기록된다. 학교폭력 관련 내용을 생활기록부에 기록하고 입시에 반영하는 법령은 자주 변경되고 있다.

현재 고입·대입의 생활기록부가 활용되는 전형에서는 학교폭력을 정성평가로 반영하고 있어서 평가 기준이 명확하지 않다. 명확한 기준으로 감점 기준이 적용되는 정량평가는 2023년 현재 고1이 치르는 2026년 대학입시부터 모든 대학입시전형(실기 전형 포함)에 학폭 기록을 반영하기로 했다. 생기부의 학교폭력 기록은 고등학교 졸업 후 4년 동안 유지된다.

④ 수상경력

- 고교입시에서는 영재고와 과학고의 일부 학교에서만 반영한다.
- 대학입시에서는 반영하지 않는다.
- 입시에 반영되는 경우에 수상경력은 중요하게 평가되는 요소이다.
- 대회도 소요되는 시간, 필요한 지식 등에서 수준 차이가 생긴다. 당연히 수준이 높은 대회의 수상이 높은 가치를 인정받는다.
- 영재고나 과학고를 진학하려는 학생들은 과학 관련 대회에 참여하는 것을 권유한다.
- 입시 반영과 상관없이 대회는 참여하는 것이 좋다. 대회에 참여하는 것은 진로 관련 동기부여, 경험, 수준 평가 등에 도움이 된다.

⑤ 창의적 체험 활동

창의적 체험 활동 영역의 아래 영역으로 ㉠ 자율활동 영역, ㉡ 동아리 활동 영역, ㉢ 봉사활동 영역, ㉣ 진로활동 영역이 있다. 4개 영역을 일반적으로 줄여서 '자동봉진'이라고 부른다.

㉠ 자율활동

학교 단체 행사 등을 기록한 내용은 입시 평가에 도움이 되지 않는다. 요즘은 학생 개인의 학업 역량이 기록될 수 있는 행사를 많이 한다. 그러므로 학생들은 학교의 연간 행사 일정을 미리 확인하고 본인에게 적합한 행사를 선택한 후 입시에 유리한 내용이 기록될 수 있도록 집중해서 활동하는 것이 필요하다.

㉡ 동아리 활동

- 동아리 이름만으로도 전공적합성 관련해서 평가자의 시선을 끌기 좋다. 물론 기록된 내용이 중요한 것이지 동아리 이름이 중요한 것은 아니다.
- 동아리 활동은 전공적합성과 지적 호기심에 관한 내용이 기록되기 좋은 항목이다.
- 동아리 팀원들의 공통 활동보다 개인적인 활동이 높은 평가를 받기 좋다.

㉢ 봉사활동

- 고교입시에서는 반영되지만, 대학입시에서는 반영되지 않는다.
- 대입에서 학교가 주관하는 봉사는 입시에 반영되는데 합격에 영

향은 별로 없다.

- 봉사에 좋고 안 좋고는 없다. 다만, 본인의 진로방향과 관련된 봉사를 한다면 나머지 비교과의 신뢰도에 영향을 줄 수 있다.

  〈예시〉 특수학교 교사가 되려는 학생이 특수시설에서 오랫동안 봉사활동을 했다면 그 학생의 나머지 비교과 활동이 진실되게 평가받는 것은 당연하다.

ㄹ 진로활동

- 학생의 진로방향성과 진로탐색의 노력 과정을 보여주기 좋은 항목이다.
- 단순히 '○○ 활동을 했다'라고 기록하는 것보다는 '왜 그 활동을 하게 되었는지', '활동을 한 후 어떤 것을 알게 되었는지 등 활동을 함으로써 느낀 것에 대해 기재하는 것이 좋다. 더 욕심을 낸다면 '무엇을 한 후 어떤 것을 느꼈으며 그래서 무엇을 했다'라고 기록되면 더 좋겠다.
- 요즘은 학교에서 공동으로 하는 진로 관련 행사를 많이 하다보니 자칫 학생 개인의 진로방향성이 가려질 수 있으니 주의해야 한다.
- 진로방향이 정해진 학생은 본인의 진로방향성과 전공적합성을 보여줄 수 있는 내용을 기록해야 한다.
- 담임선생님과 진로에 관련된 많은 대화를 나눌 필요가 있다. 진로활동은 담임선생님이 입력하시는데 학생의 진로상황을 잘 알고 있

어야 한다. 많은 선생님들이 학생에게 도움이 되는 내용으로 적어주고 싶어도 학생이 본인의 생각을 잘 얘기하지 않아서 아쉬운 경우가 많다고 한다.

⑥ 교과학습발달상황(ⓒ세부능력 및 특기사항)

- 일반적으로는 비교과 활동 중에서 가장 중요하게 평가되는 것이 '세부능력 및 특기사항'이다.
- 교사가 수업에서의 학생 개인의 수행평가, 발표, 토론, 실험, 보고서 제출, 수업 태도 등을 기록한다.
- 학생의 학업 역량, 전공적합성, 지적 호기심을 보여주기 좋은 항목이다.
- 팀별 활동을 통한 리더십, 배려 등의 인성에 관련된 내용이 기록되기 좋다.
- 생활기록부 기록의 형평성을 위해 교사는 활동을 하기 전에 학생들에게 기록하는 기준이나 방법을 미리 알려 준다. 하지만 미리 알려줬음에도 활동을 엉뚱하게 해서 유리한 내용이 기록되지 못하는 경우가 많다. 그러므로 학생들은 교사가 알려주는 내용을 잘 파악하고 활동하는 것이 필요하다.

⑦ 독서 활동상황

- 독서 활동은 학업 역량을 나타낼 수 있는 좋은 기회이므로 수준 높은 책을 읽을 필요가 있다.
- 독서 활동은 독서의 양적 평가가 아니고 독서의 질적 평가이다.
- 이런 학생은 독서 활동에서 좋지 못한 평가를 받을 것이다.

  과학고를 가려는 학생이 과학에 관한 독서가 없다.

  경제학과를 가려는 학생이 경제 관련 독서가 없다.

  천문학과를 가려는 학생이 우주의 별에 관한 독서가 없다.

- 중학생은 독서 활동상황이 입시에서 평가에 반영되므로 다양한 책을 읽으려고 노력하는 동시에 진로방향에 관련된 독서도 포함해야 한다. 독서 관련 전문가들은 독서 후에는 독후감을 작성하는 것이 좋다고 한다.
- 대학입시에서는 독서 활동상황을 반영하지 않는다. 그런데 대학들은 독서의 중요성은 강조하고 있다. 그러므로 독서를 한 후에 생활기록부의 다양한 부분에 녹여서 기록하는 것이 필요하다.

교사가 수업 시간에 독서 관련 발표 시간을 마련하거나, 학생이 개인 발표가 있을 때 본인의 독서내용을 활용해서 발표한 것을 세부능력 및 특기사항에 입력할 수도 있다. 또는 학급에서 독서 관련 활동을 한 후 자율활동에 기록할 수도 있다. 책의 종류는 중학생 때와 마찬가지로 다양한 책을 읽으려고 노력하는 동시에 진로방향에 관련된 책을 반드시 포함시켜야 한다.

⑧ 행동특성 및 종합의견

담임선생님이 학생들의 생활을 관찰하고 상담한 것을 기록하는 곳이다. 행동특성 및 종합의견에 좋은 내용이 기록되기 위해서는 담임선생님이 학생을 잘 파악하고 있어야 한다. 그렇기때문에 학생은 담임선생님에게 본인에 관련된 얘기를 평소에 많이 해야 한다.

선생님들은 많은 교육을 통해서 행동특성 및 종합의견을 어떻게 작성해야 학생들에게 도움이 되는지 잘 알고 있다. 행동특성 및 종합의견에 어떻게 기록해야 하는지는 담임선생님들이 잘 알고 있으므로 기록방법에 대한 설명은 생략하도록 하자.

⑨ (중학교)자유학기 활동상황

학생의 진로특성이 잘 드러나는 항목이다. 활동 내용, 학생의 활동과정과 결과, 활동 참여도, 흥미, 태도의 변화 등을 입력한다. 학생은 자유학기활동을 할 때 본인의 진로탐색에 도움이 되고, 본인의 학업 역량도 보여 줄 수 있는 활동을 선택하면 좋다.

⑩ (고등학교)자격증 및 인증취득상황

: 일반적으로 특성화고와 마이스터고만 입력한다.

◆ **고입과 대입에서 비교과가 반영되는 것이 조금씩 다르다**

항목	영재학교	과학고	그 외 고입	대입
④수상경력	학교에 따라 다름	학교에 따라 다름	×	×
⑤창의적체험 활동	○	○	○	○
⑥세부능력 및 특기사항	○	○	× (서울 이외○)	○
⑦독서 활동	○	○	○	×
⑧행동특성 및 종합의견	○	○	○	○
⑨자유학기 활동	○	○	○	해당 없음

(5) 비교과는 무엇을 어떻게 활동해야 하나?

"비교과는 무엇을 어떻게 활동해야 하나요?"라는 질문에 아래와 같이 설명하면 조금 이해하기 쉬울 것 같다.

비교과는 무엇을 어떻게 활동해야 하나요?

비교과는 도움이 되는 것을 선택과 집중을 해서 활동해야 한다.

① 비교과는 무엇을 활동해야 하나

※ 비교과 활동은 입시 평가에 도움이 되는 것을 해야 한다.

예시로 아래 4명 학생의 비교과 활동을 평가해보도록 하자. 실제 입시에서는 생활기록부를 종합적으로 평가하기 때문에 한두 개의 내용으로 학생을 평가하지 않는다. 아래의 내용은 편의상 설명하기 위한 예시이다.

ⓐ학생: 다양하게 활동을 했고, 진로방향 관련 활동도 많이 했다.

ⓑ학생: 진로방향 관련 활동을 많이 했다.

ⓒ학생: 다양하게 활동을 했다. (다양하다기보다는 이것저것)

ⓓ학생: 아무런 활동도 하지 않았다.

입시에서는 ⓐ학생이 가장 좋은 평가를 받는다. 그리고 ⓑ - ⓒ - ⓓ 학생 순서로 평가를 받는다. 그런데 안타깝게도 많은 학생들이 ⓒ학생처럼 비교과 활동을 하고 있다. 그래서 시간을 들여서 비교과 활동을 했지만 입시에 도움은 되지 않는 안타까운 결과가 나오게 된다. 다양하게 활동하는 것이 좋다고 생각할 수 있다. 하지만 입시에서는 다양한 활동과 함께 본인의 진로방향에 관련된 구체적인 활동이 있어야 한다.

선생님들이 모든 학생들에게 공통적으로 입력해주는 내용은 입시에 전혀 도움이 되지 않는다. 입시에 도움이 되는 내용은 개인적인 활동이다. 개인적인 활동도 평가의 가치를 구분할 필요가 있다.

◆ **입시평가에 도움이 되는 비교과 활동**

㉠ 비교과 활동에서 학업능력이 보여야 한다

학교는 공부하는 곳이므로 신입생을 선발할 때 학업능력을 중요하게 판단한다. 그래서 비교과 활동을 평가할 때도 비교과 내용에서 학업능력을 찾아내려고 노력한다. 그러므로 학생들도 비교과 활동에서 본인의 학업능력을 보여주어야 한다.

예시로 설명해보자.

┌ ⓐ학생: 환경 관련 원서를 읽고…
└ ⓑ학생: 환경 관련 책을 읽고…

┌ ⓐ학생: 동아리에서 폐배터리 재활용 기술에 대한 토론 대회를 개최했다.
└ ⓑ학생: 동아리에서 물품 바자회를 개최했다.

   ⓐ학생: 고궁에서 일본인 관광객을 상대로 일일 문화 해설사 활동
      을 했다.
   ⓑ학생: 고궁에서 환경미화를 위해 주변 청소를 했다.

  ⓐⓑ중 어느 학생이 학업 역량에서 높은 평가를 받을 것 같은가? ⓐ
학생이 학업 역량에서 높은 평가를 받는다. 오해는 하지 말자. 물품 바
자회와 주변 청소가 가치가 없다는 것이 아니고 학업 역량에서는 ⓐ학
생이 더 좋은 평가를 받는다는 것이다. 본인의 비교과 활동 중에 학업
역량을 보여줄 수 있는 활동이 있어야 한다는 의미로 예를 든 것이다.

ⓛ 노력을 많이 했다는 것을 강조하라

〈예시〉
- 한 번의 실험보다는 여러 번 수행해야 하는 실험.
- 3개월 동안의 변화를 기록해야 하는 관찰.
- 200명에게 설문조사 한 후 분석하여 통계를 냄.

ⓒ 지적 호기심, 전공적합성 등을 포함시킨다

- 입시에서는 비교과 활동에 지적 호기심, 전공적합성(계열적합성),
  학교생활 충실·성실, 인성 등을 요구한다. 생활기록부의 각 영역
  에 지적 호기심, 전공적합성(계열적합성), 학교생활 충실, 성실, 인성

에 관한 내용들이 포함되어야 한다.

◆ 지적 호기심

학교에서 배운 내용보다 더 높은 수준의 내용이 궁금하여 스스로 탐구하여 알아내는 것을 의미한다.

〈예시〉 희망 직업이 식물학자인 학생이 생물 시간에 광합성의 원리를 배웠는데 수업 시간에 배운 것 외에 광합성의 원리가 더 궁금해졌다. 그래서 대학 교재에서 이유와 원리를 찾아보고 학교 실험 시간에 실험을 통하여 원리를 이해하게 되었다. 알게 된 지식과 실험의 결과를 정리하여 수업 시간에 발표하였다.

◆ 전공적합성(계열적합성)

- 전공학과 관련 활동과 경험. 전공 관련 교과목 이수, 전공학과 관련 노력, 희망 직업 탐색 활동 등

◆ 학교생활 충실·성실

학교의 기본적인 생활에 충실하고 성실했는가를 판단한다.

〈예시〉

- 성적이 계속 향상되었는가.
- 스스로 계획하고, 실천했는가.
- 다양한 영역에서 성실하게 활동했는가.
- 맡은 역할을 책임지고 끝까지 했는가.

◆ 인성

- 나눔과 배려, 성실성, 소통능력, 리더십 등에 관한 활동

② 비교과는 어떻게 활동해야 하나

비교과 활동은 선택과 집중이 필요한데 그 이유는 시간을 절약하기 위해서이다. 우리나라 학생들은 공부하느라 바쁘다. 바쁜 시간에 틈을 내어서 비교과 활동을 해야 하므로 선택 후 집중해서 활동을 해야 한다.

선택과 집중을 하려면 계획을 세워야 한다.

> ※ 주의: 혹시 오해할까 해서 설명을 덧붙인다. 선택과 집중을 하라는 의미는 꼭 필요한 활동을 반드시 하라는 것이지 평범한 평가를 받는 활동을 하지 말라는 것은 아니다.

(6) 비교과 활동은 어떤 절차로 기록되나?

비교과 활동은 학생이 하지만 생활기록부에는 교사가 기록한다. 생활기록부에 비교과 활동이 어떤 절차로 기록되는지 알지 못하면 학생은 비효율적인 활동을 하게 된다.

교사가 학생들의 활동을 생활기록부에 기록할 때 두 개의 상황이 생긴다.

교사가   ① 관찰하여 / ② 보고서를 제출받아서   기록한다.

① 교사가 관찰하여 기록하는 상황

교사는 생활기록부에 기록할 때 교사의 주관적 판단은 배제하고, 사실적 내용만을 기록하도록 노력하고 있다. 교사는 생활기록부에 기록되는 활동을 할 때는 학생들에게 관련 내용을 미리 안내한다. 특히 주관적인 판단이 필요한 활동을 할 때는 어떻게 활동하고 어떤 기준으로 어떻게 기록한다는 것을 자세히 안내한다.

그런데 학생들은 교사가 알려준 기준은 생각하지 않고 학생 본인의 기준으로 활동해서 원하는 대로 기록이 안 되는 경우가 많다. 교사가 관찰하여 기록하는 경우에는 학생들은 교사가 알려주는 활동의 기준을 잘 기억할 필요가 있다.

② 교사들이 보고서를 제출받아서 기록하는 상황

생활기록부에 기록할 때 많이 사용되는 방식인데 보고서의 형태는 다양하다. 교사는 학생이 제출한 보고서를 참고하여 생활기록부에 활동 내용을 기록한다. 만약에 학생이 단순하게 활동 내용만을 보고서에 적어서 제출하면 교사도 단순한 활동 내용만을 기록할 수밖에 없다.

반면에 학생이 그 활동을 하게 된 동기, 활동 내용, 활동 후 느낀 점을 보고서에 자세히 적어서 제출하면 교사도 동기, 활동 내용, 느낀 점을 생활기록부에 적을 수 있게 된다. 입시에서도 단순히 활동 내용만이 적혀있는 것보다 동기, 활동 내용, 느낀 점이 상세히 적혀있는 생활기록부가 좋은 평가를 받는다.

> ※ 주의: 예전에는 교사가 학생들이 일방적으로 제출하는 자료를 받아서 생활기록부에 입력하는 경우도 있었다. 그러나 이제는 교사와 같이 활동하지 않은 것은 입력되지 않는다. 그리고 학교에서 주관하지 않은 활동도 입력되기가 쉽지 않다. 그래서 학생이 생활기록부에 기록하기 위하여 개별적으로 노력한 것이 입력되지 않는 경우가 생긴다. 학생이 개별적으로 노력할 것이 있으면 사전에 학교 선생님께 입력할 방법이 있는지 반드시 확인해봐야 한다.

(7) 생활기록부는 어디서 어떻게 볼 수 있나?

학부모는 학생들의 생활기록부를 1년에 한 번은 확인하도록 하자. 고3 입시를 앞두고 생활기록부를 처음 본다는 학부모가 많다. 학생들은 학년말에 생활기록부의 내용이 정확히 입력되었는지 확인하면서 생활기록부를 보게 된다. 생활기록부의 교과(내신성적)는 시험을 치른 후 결과를 알려주므로 평소에 알고 있다.

생활기록부는 학생이 활동한 것이 실시간으로 기록되는 것은 아니다. 항목에 따라서는 해당 학년이 끝날 때 입력되는 것도 있다. 보통은 한 학기가 끝날 때 입력되므로 새 학기가 시작될 때쯤에는 생활기록부를 확인해서 부족한 부분을 채워가도록 하자.

- 3월에는 이전 학년까지의 내용을 모두 확인할 수 있다.
- 9월에는 1학기까지의 내용 중 일부를 확인할 수 있다.

생활기록부 확인은 온라인 발급과 직접 발급을 활용할 수 있는데, 주민등록 초본 발급과 비슷하다고 생각하면 된다.

◆ 온라인 발급

정부24 → 검색: 생활기록부 → 생활기록부(초중고)를 선택하고 절차대로 진행하면 된다. 당연히 온라인 방식의 신분 확인이 있다.

◆ 오프라인 발급

　주변 학교(학생의 학교가 아니어도 됨) 또는 주민센터에서 발급받을 수 있는데 당연히 신분증 확인이 있다. 역, 대형병원, 대형마트 등의 무인 민원발급기에서도 발급 받을 수 있다. 학교에서 발급 받을 경우에는 학교 행정실로 전화하고 가면 헛걸음을 하지 않을 것이다.

III부

1. 고교학점제

새로운 입시제도가 발표되면 학생과 학부모들은 불안해한다. "고등학교에 고교학점제라는 것이 새로 시작된다는데 그게 뭐지?", "나에게는 어떤 영향이 생기는 걸까?", "혹시 잘 모르면 손해 보는 것은 아닐까?" 새롭게 시작되는 고교학점제가 학생과 학부모의 새로운 고민거리가 되고 있다. 고교학점제는 몇 가지만 잘 이해하면 어려움 없이 준비할 수 있으니 설명을 잘 읽어 보자.

1) 고교학점제가 무엇인가요?

- 고교학점제는 고등학생도 대학생처럼 학생이 원하는 과목을 선택해 수업을 듣고 졸업에 필요한 학점을 취득하면 졸업할 수 있는 제도이다. 성적이 기준에 미달하는 학생은 보충수업을 들어야 한다.
- 2025학년도부터 시작한다. (2023년 현재 중학교 2학년부터 해당됨)

- 위의 내용은 어떤 과목의 시험에서 성적이 기준점수 이하가 되면 과목 이수가 인정되지 않고 보충수업을 더 들어야지 과목이 인정된다는 것이다. 혹시 그러면 지금까지는 어떻게 해왔을까? 지금은 출석 일수만 채우면 전과목 0점을 받아도 졸업할 수 있다.
- 고등학교에서는 학생이 과목 중 일부 수업을 선택해서 듣는 방식이 벌써 시작되고 있다. 2019년부터 고등학교에서는 2학년이 되면 원하는 과목을 선택해서 수업을 듣고 있다. 고교학점제가 시작되면 선택하는 과목이 지금보다 조금 더 세분화되고 많아진다.

2023년	해당 교육과정	학생이 과목 선택	수능시험
중3	2015 개정 교육과정	현재도 실시 중	현재의 수능
중2	2022 개정 교육과정	조금 더 세분화	변화 시안 발표함

※ 아래의 내용은 가볍게 참고만 해도 좋다.

- 고교학점제는 2023년 중2부터 시작된다.
- 2023년 중학교 3학년 이상: 2015 개정 교육과정으로 고등학교를 다닌다.

- 2023년 중학교 2학년 이하: 2022 개정 교육과정으로 고등학교를 다닌다.

- 2015 개정 교육과정: 2018년부터 시작(2018년 중1, 고1부터 시작)
- 2022 개정 교육과정: 2025년부터 시작(2025년 중1, 고1부터 시작)

〈2022 개정 교육과정 학년별 적용 시기〉

	초등학교	중학교	고등학교
2024년	초1, 초2		
2025년	초3, 초4	중1	고1
2026년	초5, 초6	중2	고2
2027년		중3	고3

2) 고교학점제에 대한 준비

고교학점제에 대한 준비의 대부분은 학교 선생님들의 몫이므로, 학생들이 준비할 것은 많지는 않다. 그럼에도 꼭 준비해야 할 것을 초·중학생 때 준비해야 할 것과 고등학생이 준비해야 하는 것으로 구분해서 설명하겠다.

┌ 초등학생 때 준비해야 하는 것: 진로탐색 활동을 많이 한다.

├ 중학생 때 준비해야 하는 것: 진로탐색 활동을 하고, 진로방향을
　선택해야 한다.

└ 고등학생이 준비해야 하는 것: 고1 때는 지원하려는 대학과 전공
　학과를 구체적으로 정해야 한다.

　위의 초·중·고등학생 때 준비해야 하는 내용은 현재의 초·중고등학
생에게도 똑같이 적용된다. 고교학점제가 시작되면 중요성이 조금 더
커질 뿐이다.

3) 고교학점제의 영향

⑴ 과목을 선택하는 것이 중요해진다

　명칭을 '고교학점제'가 아니라 '고교과목선택제'라고 했으면 학생과
학부모가 더 쉽게 이해했을 것 같다. 고교학점제라고 하니 '학점'의 의
미가 가장 중요한 핵심으로 보이기 때문이다. 고교학점제에 대해 학생
과 학부모가 알아야 할 핵심은 '과목선택'이다. 학점 이수가 제대로 운
영되는지는 학교가 신경 써야 할 내용이다. 학생과 학부모는 과목선택
에 관한 내용만 이해하고 준비하면 된다.

학생에게 고교학점제의 영향 중 가장 중요한 것은 '과목선택'이다.

고교학점제에서 가장 중요한 것은 학생이 원하는 과목을 선택해서 수업을 들을 수 있는 것이라는 설명을 했었다. 원하는 과목을 마음껏 자유롭게 선택하여 수업을 들을 수 있다니 정말 좋은 제도일 것 같다. 그런데 현실은 그렇지 않다.

상위권 대학들은 전공학과별로 고등학교 때 내신에서 선택해야 하는 필수 선택과목을 지정하고 있다. 필수 선택과목은 전공학과에 따라 다르게 지정하고 있다.

⇩

그러므로 진학하려는 대학 전공학과에서 지정한 과목은 반드시 선택해야 한다. 즉, 진로방향이 정해져 있어야 필수 선택과목을 선택할 수 있게 된다.

⇩

1학년 6월이 되면 2학년 때 배울 과목 중 선택과목을 정해야 한다. 그런데 많은 학생들은 진로방향을 정하지 못하고 고등학교에 입학한다. 고등학교에 입학하면 새로운 환경 적응, 많아진 공부량, 어려워진 시험에 적응하느라 진로방향을 고민할 시간이 없다. 그래서 본인의 진로방향과 관계없는 과목을 선택하는 학생들이 많이 있고, 3학년이 되면 큰 후회를 하고 있다.

⇩

Q〉진학하려는 대학전공학과와 관련된 과목을 선택하지 못하면 어떻게 되나요?
A〉대학 합격이 매우 불리해진다. 전공학과별 권장과목을 발표한 대학들에서는 해당 전공학과의 핵심과목(핵심권장과목)을 선택하지 않으면 학생부가 포함되는 전형에서는 합격하기 힘들다고 얘기하고 있다.

⇩

고등학교 생활을 시작할 때 같은 출발선에서 출발하지 못하는 이유 중 하나가 진로방향을 정하지 못했기 때문임을 여러 번 강조했다. 1학년 6월에 선택하는 선택과목이 3학년 대학입시에서 큰 영향을 준다. 대학입시에 적절하지 못한 과목을 선택하는 것은 같은 출발선에서 출발하지 못한 것과 같은 의미이다.

〈2015 개정 교육과정 고등학교 교과목〉
고1 기준 2018년~2024년 적용

교과 영역	교과	공통과목	선택과목	
			일반 선택	진로 선택
기초	국어	국어	화법과 작문, 독서, 언어와 매체, 문학	실용국어, 심화국어, 고전 읽기
	수학	수학	수학I, 수학II, 미적분, 확률과 통계	기본수학, 실용 수학, 인공지능 수학, 기하, 경제수학, 수학과제 탐구
	영어	영어	영어 회화, 영어I, 영어 독해와 작문, 영어II	기본영어, 실용영어, 영어권 문화, 진로영어, 영미문학 읽기
	한국사	한국사		

탐구	사회	통합사회	한국지리, 세계지리, 세계사, 동아시아사, 경제, 정치와 법, 사회문화, 생활과 윤리, 윤리와 사상	여행지리, 사회문화 탐구, 고전과 윤리
	과학	통합과학 과학탐구 실험	물리학I, 화학I, 생명과학I, 지구과학I	물리학II, 화학II, 생명과학II, 지구과학II, 과학사, 생활과 과학, 융합과학

〈2022 개정 교육과정 고등학교 교과목〉
고1 기준 2025년~ 적용

교과	공통과목	선택과목		
		일반선택	진로선택	융합선택
국어	공통국어1,2	화법과 언어, 독서와 작문, 문학	주제 탐구 독서, 문학과 영상, 직무 의사소통	독서 토론과 글쓰기 매체 의사소통, 언어생활 탐구
수학	공통수학1,2	대수, 미적분I, 확률과 통계	미적분II, 기하, 경제 수학, 인공지능 수학, 직무 수학	수학과 문화, 실용통계, 수학과제 탐구
영어	공통영어1,2	영어I, 영어II, 영어 독해와 작문	영미문학 읽기, 영어발표와 토론, 직무영어, 심화영어, 심화영어독해와 작문	실생활 영어 회화, 미디어영어, 세계문화와 영어
사회	한국사1,2	세계 시민과 지리, 세계사 사회와 문화 현대 사회와 윤리	한국지리 탐구, 도시의 미래탐구, 동아시아사 주제 탐구, 정치, 경제, 법과 사회, 윤리와 사상, 인문학과 윤리, 국제 관계의 이해	여행지리, 역사로 탐구하는 현대세계, 사회문제 탐구, 금융과 경제생활, 윤리문제 탐구, 기후변화와 지속가능한 세계
	통합사회1,2			
과학	통합과학1,2 과학탐구 실험	물리학, 화학 지구과학, 생명과학	역학과 에너지, 세포와 물질대사 전자기와 빛, 생물과 유전, 물질과 에너지, 지구시스템과학, 화학반응의 세계, 행성우주과학	과학의 역사와 문화 기후 변화의 환경생태 융합과학 탐구

과목이 더 세분화되고 융합선택의 영역이 더 생겨난다. 학생들은 진로 방향에 따른 선택과목을 정할 때 더 주의를 기울여야 할 수밖에 없다.

〈2015 개정 교육과정〉

교과	과목	
보통	공통과목	
	일반선택과목	
	진로선택과목	
전문	전문교과I(특목고)	
	전문교과II(특성화고)	

⇨

〈2022 개정 교육과정〉

교과	과목	
보통	공통과목	
	선택과목	일반선택
		융합선택
		진로선택
전문	전문공통	
	전공일반	
	전공실무	

2022 개정 교육과정에서 선택과목의 영역이 넓어졌음을 알 수 있다.

◆ 희망하는 과목이 본인의 학교에 개설되지 않은 경우

각 학교는 교육과정에 있는 모든 과목을 개설할 수는 없다. 그래서 본인에게 필요한 과목이 본인 학교에 개설되지 않을 때는 학생에게 큰 손해가 된다. 그래서 교육청에서는 학생이 원하는 과목은 반드시 수강할 수 있도록 여러 가지 방법을 제공하고 있다. 각 시도 교육청에서 각각 다른 이름으로 운영하고 있지만 운영 방식은 비슷하다.

- 거점형: 지역을 정하여 지역 내 고등학교 학생이 신청하도록 한다.
- 학교 연합형: 인접 학교끼리 과목을 개설하고 인접 학교 학생만 신청하도록 한다.
- 온라인 교실온닷: 학교 수업 시수로 인정되는 공식적인 온라인 교육과정이다. 희망 학생이 적거나 교사 수급 곤란 등으로 각 학교에서 개설이 어려운 과목들을 학교 간 연계·협력을 통해 운영하는 교육과정이다. 본인 학교에 개설되지 않은 과목을 온라인으로 수업을 들을 수 있어서 고교학점제가 시행되면 더 많이 활용될 것이다.

(2) 고등학교 선택이 더 중요해진다

고교학점제는 학생의 개인적인 노력이 중요하지만, 학교가 학생의 노력을 뒷받침해 줄 수 있어야 한다. 고교학점제가 시행되면 지금보다 학교 간의 차이가 더 벌어질 수 있는데 어떤 내용이 특히 더 중요해질 것인지 설명한다.

◆ 다양한 과목 개설 여부

고교학점제가 시작되면 학교는 선택 과목 개설과 원활한 수업 진행에 신경써야 한다. 다양한 과목이 개설되고 원활한 수업이 진행되려면 교사들이 여러 과목을 수업해야 하는데 수업준비, 시험출제, 수행평가, 생활기록부 기록 등의 증가로 쉬운 일이 아니다. 한 명의 교사가 여러 과목을 수업하는 것은 교사의 희생이 필요하다. 이 과정에서 외부에서는 보이지 않는 교사들의 분위기가 중요하다. 그래서 학교선택에서 학교의 전체적인 분위기를 파악하는 것이 중요해진다.

◆ 비교과활동 여부

고교학점제가 되면 생활기록부의 비교과가 중요해지는데 비교과의 활동과 기록은 학생과 교사의 공동 노력이 필요하다. 그래서 고등학교를 선택할 때 비교과의 활동과 기록이 잘 이루어지는 학교인지 판단하는 것이 중요하다.

고교선택에 대한 더 많은 내용은 다음 단락에서 꼭 확인하자.

2. 고등학교 선택

고등학교 선택에 관심이 많은데 어떤 기준으로 고등학교를 선택해야 할지 모르겠다고 한다. 고등학교 선택을 얘기할 때 "어디를 가든지 학생이 하기 나름이다."라는 말을 많이 듣는다. 예전에는 맞는 말이지만 지금은 맞지 않는 말이다. 지금은 학생과 학교 시스템이 적절히 조화를 이루어야 좋은 결과를 만들 수 있다.

학생에 따라 다양한 상황이 있겠지만 일반적인 기준으로 고등학교 선택기준을 정리해보자. 한가지의 기준으로 선택하지 말고 여러 가지를 복합적으로 고려하여 선택해야 한다. 선택하기 힘들 경우에는 우선순위를 정하면 조금은 선택하기 편할 것 같다.

1) 학교의 전체적인 분위기를 파악하자

학교의 전체적인 분위기는 가장 중요하다. 교사와 학생과의 관계, 교사와 교사의 관계 등 학교의 전체적인 분위기는 직접적으로 영향을 주지 않아도 다른 학습 활동에 간접적으로 영향을 줄 수 있다. 고교학점제가 시작되면 학교 구성원들의 분위기가 여러 분야에 영향을 끼칠 수 있다. 학교의 전체적인 분위기는 재학 중이거나 졸업한 학생들에게 문의하는 것이 가장 정확하다.

2) 학생의 성향을 객관적으로 파악하자

장점이 많은 학교도 학생의 성향과 맞지 않으면 소용이 없다. 성향을 파악하는 것이 쉽지 않겠지만 학생, 학부모, 선생님의 공통된 의견을 찾아보면 도움이 될 것 같다. 남녀공학이 학생의 성향에는 어떤 장단점을 미치는지도 생각해봐야 한다.

〈예시〉
┌ 혼자 조용히 공부하는 성향의 학생은 정시전형에 강한 학교가 좋다.
└ 발표, 토론을 좋아하고, 팀 활동을 잘하는 학생은 학생부종합에 강한 학교가 좋다.

┌ 약간의 규율이 있는 기숙사 생활에 적합한 학생이 있다.
└ 규율과 통제가 있는 기숙사 생활에 적합하지 않은 학생이 있다.

3) 학생부종합전형을 위한 비교과 활동이 잘 이루어지는가?

- 학생부종합전형을 위한 비교과 활동이 잘 되고 있는지는 지금도 중요하지만 고교학점제가 시작되면 학교선택에 더욱 중요한 기준이 된다. 10월 10일 발표된 대입제도 변화에서는 비교과활동이 잘 운영되는 학교 선택이 더 중요해 졌다.

- 학생부종합전형을 위한 비교과 활동이 잘 이루어지는 학교인지를 파악하는 것이 간단하지는 않다. 파악할 수 있는 가장 간단한 방법은 의대 및 최상위권 대학을 학생부종합전형으로 입학하고 있으면 입시를 위한 비교과 활동이 잘 이루어지고 있는 학교라고 판단해도 된다.

4) 학교의 문이과 성향을 파악하라

- 문과 성향인 학교가 있고, 반대로 이과 성향인 학교가 있다. 물론 문이과 성향이 중간 정도인 학교도 있다.
- 고교학점제의 영향으로 과목이 더욱 세분화되고 많아지면 지금보다 학교의 문이과 성향은 학교를 선택하는 데 더 중요한 기준이 될 것이다.

- 학생의 진로방향에 맞는 과목이 더 많이 개설되어 있으면 학생이 과목을 선택하기 좋다.
- 학교의 문이과 성향이 동아리 개설 성향, 비교과 관련 행사 등에 영향을 준다.
- 외고, 국제고는 문과 성향, 과학고, 영재고, 과학중점학교는 이과 성향이라는 것은 알 것이다. 같은 문과 성향인 외고·국제고도 조금 다른 교육과정을 가지고 있다. 외고는 외국어교육에 특징이 있고, 국제고는 정치, 경제, 국제관계, 법 등에 특징이 있다. 예전에는 외고와 국제고를 비슷하게 생각하고 선택하는 경우도 있었지만, 선택과목이 중요해지면서 유·불리함을 꼭 따져봐야 한다.
- 일반고를 진학할 예정이면 학교의 문이과 성향을 반드시 파악해야 한다.

5) 학생의 진로관련 과목이 개설되어 있는지 확인하자

- 본인이 희망하는 과목이 본인 학교에서 개설되지 않으면, 다른 학교에 가서 수업을 들어야 하는 불편함이 있을 수 있고, 과목에 따라서는 수업을 못 듣는 상황이 생길 수도 있다.
- 학교알리미 사이트에 가면 각 고등학교의 개설과목을 확인할 수 있다. 그런데 학교알리미 사이트에 있는 개설과목 정보는 현재의

상황이며 현재 중학생에 해당되는 내용은 아니다. 각 학교의 개설 과목이 매년 바뀌는 것은 아니지만 학교에 전화하여 문의하면 더 정확한 정보를 확인할 수 있다.

- 현재 경제, 물리II 등의 과목은 개설이 되지 않는 경우가 있다. 고 교학점제가 시작되면 과목이 더욱 세분화되고 많아지므로 각 학 교에서 개설할 수 없는 경우가 생겨날 가능성이 높다.
- 학교는 개설했는데 신청자가 너무 적어서 실제 수업이 개설되지 않는 경우도 있으니 학교에 문의할 필요가 있다.

6) 내신 경쟁의 어려움을 파악하자

- 내신에 관한 것은 학생과 학부모가 가장 많이 질문하는 내용인데 안타깝게도 정답은 없다.
- 내신 경쟁이 너무 심하면 내신성적이 좋지 않아서 대학입시에 불 리해진다.
- 내신 경쟁이 너무 낮으면 학습 분위기가 좋지 않고, 비교과 활동 이 적은 경우가 많다.

7) 학생부교과, 학생부종합, 수능전형의 진학 비율을 확인하라

- 대학별 합격 인원을 파악하는 것도 유의미한 비교이다.
- 하지만 지금의 입시제도에서는 학생부교과, 학생부종합, 수능전형의 합격 인원을 구분해서 파악해야 한다.
- 학생이 어떤 전형에 강점이 있는지 파악한 후 해당 전형으로 대학 진학을 많이 하는 학교를 선택해야 한다.
- 대학입시에서 학생부종합전형이 유리할 것 같은 학생이 수능전형으로 많이 합격하고 비교과 활동에는 관심이 적은 학교에 진학하면 대학입시에서 불리해진다.
- 관련된 정보는 학교 설명회에서 알려주는 경우가 많으니 가능한 참석하도록 하자

8) 통학 거리도 고려해야 한다

통학 거리도 학교를 선택하는 데 중요한 기준이 될 수 있다. 통학 거리가 너무 멀면 시간과 체력적인 면에서 부담이 될 수 있다. 학생의 상황에 따라서 다른 기준과 함께 복합적으로 고민해야 한다.

9) 진로방향에 따른 고등학교 유형을 찾아보자.

진로방향	추천하는 고교 유형
① 모든 진로방향 (or 진로방향을 못 정했을 때)	일반고, 자사고, 자공고
② 이공계열(이과) 진로방향	과학고, 영재고, 과학중점고
③ 인문계열(문과) 진로방향	외국어고, 국제고
④ 예술 진로방향	예술고
⑤ 체육 진로방향	체육고
⑥ 취업	마이스터고, 특성화고

진로방향에 따라서 어떤 고등학교를 선택하면 좋을지 분류해 보았다. 모든 학생들의 상황은 다르기 때문에 고등학교 선택에 정답은 없다. 다만, 고등학교 선택을 어려워하는 학생들이 너무 많아서 약간의 도움을 줄 가이드라인들 정해보았다.

고등학교 선택은 반드시 각 중학교에 있는 진로진학상담 교사와 상담하는 것을 추천한다. 고등학교 선택은 고입·대입·취업에 모두 영향을 줄 수 있는 중요한 선택이므로 꼭 상담을 통해서 신중히 결정하기를 바란다.

각 진로방향에 따른 고등학교 유형에 대해 알아보자.

(1) 모든 진로방향

모든 진로방향 (or 진로방향을 못 정했을 때)	일반고, 자사고, 자공고

여러 분야에 관심이 많아서 진로를 결정하지 못했거나 진로방향을 정하지 못한 학생에게 적합하다. 이 학교들은 모든 분야로 진학하려는 학생들을 위한 교육과정을 가지고 있다. 일반고, 자사고, 자공고도 학교에 따라서 다양한 특성을 가지고 있기 때문에 잘 알아볼 필요가 있다.

- 자사고는 자기주도학습전형 입시가 있으므로 미리 계획하고 준비해야 한다.

(2) 이공계열(이과) 진로방향

이공계열(이과) 진로방향	과학고, 영재학교, 과학중점고

- 수학, 과학에 관심과 소질이 있는 학생들은 영재학교, 과학고 또는 일반고의 과학중점고등학교 진학을 고민한다.
- 과학중점고등학교가 아닌 일반고로 진학해도 수학, 과학 분야의 대학 학과로 진학하는데 아무런 문제가 되지는 않는다.

- 초등학생 때부터 과학고와 영재학교에 진학하기 위하여 준비하는 학생들이 있다고도 하는데, 이는 개인적 상황에 따라 다를 것 같다.
- 수학, 과학 분야는 초등학교 때 영재교육원을 활용하는 경우가 많다. 영재교육원은 영재만 해당하는 것은 아니니 겁먹지 말고 도전해 보자.

※ 수학, 과학이 진로진학에 큰 영향을 주고 있으므로 수학과 과학에 대한 얘기를 잠시 해보겠다.

고등학교에 들어올 때 벌써 수학을 포기했고 과학 과목도 흥미가 없는 학생들이 너무 많다. 문과 계통의 대학 학과의 취업률이 낮은 줄 알면서도 수학·과학 성적 때문에 문과 계통을 선택하는 학생들을 보면 너무 안타깝다. 더군다나 가고 싶은 학과가 있어서 문과 계통을 선택하는 것도 아니니 더욱 안타깝다.

수학, 과학에 흥미를 잃게 된 원인을 알아볼 필요가 있겠다. 원인은 여러 가지가 있을 텐데 어린 시절에 재미없게 배우는 수학, 과학 수업도 한 가지 중요한 원인이 될 것 같다. 성적만을 위한 수학, 과학 공부에 흥미를 느낄 학생은 많지 않다.

- 초등학생 때는 수학, 과학에 흥미를 잃지 않고 재미있게 배우는 것에 초점을 두자.
- 중학생 때는 수학 진도를 선행하는 것보다 이론을 정확히 이해하

고 문제를 푸는 것에 초점을 두자.

수학, 과학을 재미있게 배울 수 있는 곳 중 하나로 영재교육원(영재원) 을 소개한다. 대부분은 '영재'라는 단어에 특별한 학생들이 가는 곳으로 알고 있다. 하지만 생각하는 것보다 영재 기준의 범위가 넓으니 겁먹지 말고 도전하기를 바란다. 현재 영재 관련 교육기관은 각 학교의 영재학급을 포함하여 1,704개의 교육기관이 전국에 분포되어 있다.

※ 참고: 영재교육원(영재원)

- 수학, 과학, 정보과학, 인문사회, 외국어, 발명, 음악, 미술, 체육, 융합, 문화 등 다양한 분야가 있다.
- 시도교육청에서 영재교육원을 직접 운영하거나, 대학 등의 전문 기관에 위탁 운영하고 있다.
- GED(영재교육종합데이터베이스) 사이트에서 정보를 찾아보자.

---

(3) 인문계열(문과) 진로방향

인문계열(문과) 진로방향	외국어고, 국제고

- 어학 분야 또는 정치, 경제, 국제관계, 법 등에 관심 있는 학생들에게 적합하다.
- 이과 분야의 대학 학과로 지원할 경우에는 선택하는 과목에서 불

리할 수 있다.

◆ 외국어고

- 어학에 관심이 많은 학생이 진학하면 좋다.
- 어학 개설 과목이 많고, 어학 과목 이수단위가 많다.
- 어학 분야를 진로방향으로 하고 있는 학생이 일반고로 진학해도 상관없다.

◆ 국제고

- 정치, 경제, 국제관계, 법에 관심이 많은 학생이 진학하면 좋다.
- 정치, 경제, 국제관계, 법 관련 과목의 개설이 많고, 이수 단위도 많다.
- 정치, 경제, 국제관계, 법 분야를 진로방향으로 하고 있는 학생이 일반고로 진학해도 상관없다.

(4) 예술 진로방향

예술 진로방향	예술고

- 예술고등학교에서는 학교 시간표의 50% 정도가 관련 전문 분야 과목이다. 물론 일반고와 같은 수업도 50% 정도 있다.
- 미술·음악 분야의 대학 학과는 예술고등학교의 진학률이 일반고보다 높다. 물론 일반고에서 미술·음악 분야의 대학을 진학하는 경우도 많다.

※ 참고: 예술중학교

- 실기시험과 면접으로 선발한다.
- 음악, 미술, 무용 전공이 많고, 연기 분야도 있다.
- 시작하는 나이가 점점 더 낮아지고 있으므로 관심이 있으면 어릴 때부터 계획을 세우는 것이 필요하다.

---

(5) 체육 진로방향

체육 진로방향	체육고

- 전문선수 분야는 초등학생 때 스포츠 클럽이나 초등학교의 운동부에서 본격적으로 시작하는 경우가 많다.

- 종목에 따라 해당 운동부가 있는 학교로 진학하거나 전학을 가는 경우가 있다.
- 전문 선수를 대상으로 하는 특별전형과 일반 학생을 대상으로 하는 일반전형으로 구분된다.
- 특별전형은 대회 실적, 일반전형은 실기와 성적을 평가한다.
- 체육중학교, 체육고등학교가 있고, 입시전형에는 특별전형과 일반전형이 있다.

※ 참고: 체육중학교

- 도별로 1개 정도 있다. (공립)
- 일반 학교의 운동부에 없는 종목도 있다. (사격, 펜싱, 근대3종 등)
- 특별전형과 일반전형이 있다.
- 특별전형은 대회입상 실적과 체력검사로 선발하고, 일반전형은 체력검사로 선발한다.
- 전문 선수 과정을 시작하는 나이가 점점 더 낮아지고 있으므로 관심이 있으면 어릴 때부터 계획을 세우는 것이 필요하다.

---

(6) 취업

취업	마이스터고, 특성화고

- 직업 인재를 양성한다는 취지로 설립되었으며, 현장실습 등 체험 위주의 교육을 많이 실시한다.

- 공업, 상업, 농업, 수산, 실업, 경영, 과학, 예체능, 조리 등 다양한 분야의 특성화 고등학교가 있다.
- 고등학교를 졸업한 후 취업하는 비율이 일반고보다 높다.
- 마이스터고가 특성화고보다 고등학교를 졸업한 후 취업하는 비율이 높다.
- 고등학교 졸업 후 빠른 취업을 원하는 학생에게 적합하다.

3. 진로직업체험으로 진로방향 찾기

1) 진로직업체험을 해야 하는 이유

진로직업체험을 해야 하는 이유는 "우물 안 개구리"가 되지 않기 위함이다. "당신은 우물 안 개구리다"라는 말을 들으면 자존심이 상할 것이다. 그런데 우리는 직업을 선택할 때 의외로 우물 안 개구리와 같은 선택을 많이 한다. 물론 그럴 수도 있다. 어떻게 항상 최선의 선택만 하면서 살 수 있을까? 하지만 요즘은 작은 제품 하나를 구매할 때도 조금 더 좋은 것을 구매하기 위하여 해외 직구를 하는 세상이다. 해외 직구는 선택의 범위를 넓히는 것으로 우물 밖으로 제품 구매의 선택 범위를 넓히는 것이다. 좋은 제품을 선택하기 위해 최선을 다하는 것이다. 그런데 우리는 직업을 선택하는 데 최선을 다하고 있는 것일까? 인생에서 너무나 중요한 직업 선택에 조금 더 최선을 다해야겠다.

직업 선택할 때 우물 안 개구리가 되지 말자.

필자가 학생들에게 "우물 안 개구리처럼 모르는 것은 선택할 수도 없다"라는 것을 설명할 때 예로써 사용하는 얘기가 있다.

"10년 전까지 나에게 제일 좋아하는 과일이 뭐냐고 물으면 나는 '바나나'라고 대답했다. 그런데 10년 전에 동남아 여행을 가서 맛있는 '망고'를 먹어본 후에 나의 대답은 '망고' 바뀌었다. 10년 전까지는 망고는 모르는 과일이어서 선택할 수도 없었다. 망고를 계속 모르면서 살았더라면 억울했을 것 같다. 10년 전까지는 나 자신이 우물 안 개구리 같았다는 생각이 든다."

우리나라 초·중·고 학생들의 장래 희망 직업을 보면 교사, 의사, 공무원, 크리에이터, 운동선수, 경찰관, 요리사, 프로그래머, PD가 많다고 한다. 학생들을 상담해보면 평소에 많이 봤던 직업이나 부모님이 추천하는 직업을 장래 희망 직업으로 하는 경우가 많다. 자칫하면 우물 안 개구리가 될 수도 있으니 희망 직업 선택에 신중해야 한다.

직업은 점점 더 전문성을 요구하고 있어서 성인이 되었을 때 하던 직업을 그만두고 다른 직업으로 바꾸는 것은 쉽지 않다. 우물 안 개구리처럼 직업 선택을 했다가 나중에 어른이 되어 우물 밖의 넓은 세상을 알게 되었을 때 얼마나 억울할까? 그렇게 되지 않기 위해서는 우물 밖의 직업 종류를 많이 알아야 한다. 우물 밖의 직업 종류를 많이 볼 수 있는 방법 중 하나가 진로직업체험이다. 왜 진로체험을 해야 하는지는 이해했을 것으로 생각하고 지금부터 진로직업체험 방법에 대하여 설명한다.

2) 시기에 맞는 진로직업체험 종류

초등학생	다양한 종류의 체험을 하는 것이 좋다.
중학생	직업 관련 체험을 더 많이 하면 좋다.
고등학생	대학 전공학과 관련 체험을 더 많이 하면 좋다.

초등학생은 한 번의 체험에서 다양한 분야의 직업을 경험해 볼 수 있으면 더 좋다.

중학생은 한 개의 직업을 체험하면 그 직업과 관련된 직업을 탐색하는 활동을 추가로 하는 것이 꼭 필요하다.

고등학생은 체험하는 직업에서 요구하는 적성과 능력이 본인에게 적합한지 비교하는 것이 꼭 필요하다.

3) 주의할 점

◆ **체험할 때 편식(?)을 하지 않도록 조심하자**

진로체험할 때 아무 생각 없이 한다면 편식을 하게 된다. 편식의 의미는 내가 좋아하는 것, 주변에 보이는 것만을 진로체험하는 것이다. 편식하는 것은 우물 안 개구리 같다는 생각이 들지 않는가? 앞에서 진로체험을 하는 목적은 우물 안 개구리가 되지 않기 위함이라고 얘기했던 것이 기억날 것이다. 내가 좋아하는 것, 주변에 보이는 것 외에도 세상에는 보람 있고 재미있는 다양한 종류의 직업들이 있음을 생각하자.

◆ 의도적으로 공학 관련 체험을 하려고 하자

대부분의 학생들은 생활 주변에서 공학 관련 직업을 쉽게 보지 못한다. 학교나 진로체험센터 등은 문과 위주의 체험 프로그램이 많다. 이과의 공학 체험 프로그램은 기자재와 장비 등을 준비하기가 쉽지 않고 강사도 별로 없기 때문이다. 그래서 자칫하면 문과 위주의 체험을 많이 하게 되어 우물 안 개구리가 될 수도 있다. 학교 주관 체험 프로그램이나 개인적 체험 프로그램을 계획할 때 의도적으로 공학 관련 체험을 하려고 노력하자.

◆ 가정 활동도 중요한 진로직업체험이다

평소 생활하는 가정도 중요한 진로직업체험 장소이다. 아이들은 부모님의 영향을 가장 많이 받는다. 부모님의 말 한마디, 같이 보는 TV 프로그램, 부모님의 선물, 가족 여행을 가서 무엇을 하는지 등이 아이들의 진로방향에 영향을 줄 수 있다. 필자는 진로방향을 정할 때 어린 시절 부모님으로부터 받는 영향이 가장 크다고 생각한다. 이 책을 읽고 계시는 부모님! 자신이 자녀를 위한 최고의 진로 코치임을 잊지 마

시기를!

◆ **수준에 적합한 체험을 선택해야 한다**

학생의 교육 수준에 맞는지, 진로발달 수준에 맞는치를 꼭 확인하고 적합한 체험을 선택한다. 수준에 맞지 않는 체험을 하면 효과가 적다.

4) 주체가 누구인가?

진로직업체험은 '학교에서 하는 체험'과 '개인적으로 하는 체험'으로 두 가지 방법이 있다.

┌ 학교에서 하는 체험: 선생님들이 계획하고 운영하므로 학생은 참가만 하면 된다.
└ 개인적으로 하는 체험: 학생이 주도적으로 계획하고, 부모님이 도와준다.

학교에서 하는 체험은 선생님들이 계획하고 운영하므로 학생은 원하는 체험에 참가하기만 하면 된다. 하지만 개인적으로 하는 체험은 장점도 있지만 단점도 있음에 주의해야 한다.

◆ 개인적으로 하는 체험의 장단점

장점
- 다양한 체험을 할 수 있다.
- 진로직업체험의 효과가 크다.
- 자기 주도성이 커진다.

단점
- 체험 장소를 찾는 데 시간이 오래 걸릴 수 있다.

5) 진로직업체험 선택하는 방법

(1) 진로직업체험 장소는 학생 스스로 찾아야 한다

진로직업체험 장소를 찾는 과정도 좋은 경험이 된다. 체험 장소를 찾기 위하여 좌충우돌하는 과정에서 세상을 보는 눈이 넓어진다. 절대로 부모님이 체험 장소를 찾아주어서는 안된다. 학생이 체험 장소를 찾고 나면 부모님과 의논하는 과정은 꼭 필요하다. 인터넷을 활용하면 웬만한 체험 장소는 찾을 수 있으므로 직접 해보기를 바란다.

(2) 체험 장소 찾는 시간을 아깝게 생각하지 마라

체험 장소를 찾는 시간이 아깝다고 생각할 수 있다. 하지만 체험은 시간이 투자되어야 하는 과정이다. 체험하는 것에도 시간이 필요하지만, 체험하는 곳을 찾는 것에도 시간이 필요하다. 장소를 찾는 시간을 아끼고 싶다면 시간을 정해 놓고 검색하라.

(3) 미리 계획해 두어라

진로직업체험은 시험 기간을 피해서 휴일이나 방학 때 해야 한다. 그러다 보니 학생들이 체험을 할 수 있는 날짜도 비슷해지고 인기 있는 체험들은 일찍 마감되는 경우가 많다. 미리 계획하면 필요한 체험을 놓치지 않을 수 있으니 서둘러 계획 및 예약을 하길 바란다.

(4) 무료 체험만 찾지 마라

가격이 비싼 체험이 반드시 좋은 체험인 것은 아니다. 그러나 내용이 알차고 다양한 체험을 구성하려면 비용이 필요한 경우가 많다. 무료와 유료를 합치면 더 많은 체험의 기회가 있으므로 다양한 체험을 하도록 하자.

⑸ 체험은 여러 번 실시하는 것이 좋고, 시간이 긴 것이 좋다

여러 번 실시하고, 시간이 긴 체험은 다양한 프로그램을 운영할 수 있으므로 체험 효과가 큰 경우가 많다.

6) 진로직업체험의 종류

진로체험의 종류에 어떤 체험이 더 수준이 높다는 것은 없으며, 아래의 설명은 이해를 돕기 위한 내용일 뿐임을 강조하며 설명을 시작한다. 아래에서는 진로체험에 대한 이해를 조금 더 쉽게 할 수 있도록 체험의 수준 순서를 아래와 같이 정리해봤다. 학생의 진로수준에 맞추어서 단계별로 실시하면 좋다.

㉠ 견학 → ㉡ 모의 체험 → ㉢ 강연 → ㉣ 인터뷰 → ㉤ 학과 체험 → ㉥ 실제 체험

(1) 둘러보는 견학

가장 부담없이 할 수 있는 체험이다. 특별한 활동을 하는 것은 아니고, 전시되어 있는 것을 둘러보거나, 다른 사람들이 활동하는 것을 관찰하는 정도만 하는 체험을 말한다. 예를 들면 박물관 투어, 발전소 견학 등이 있다. 하지만 자칫 의미 없이 관람만 하게 될 수도 있어서 주의해야 한다. 그래서 둘러보는 견학은 갖추어야 하는 필수조건이 있다.

- 해설자가 꼭 있어야 한다.
- 설명을 들으면서 꼭 메모해야 한다.

(2) 직업 현장 모의 체험

실제 직업 현장과 비슷하게 꾸민 장소에서 직업에 대하여 모의 체험을 하는 것이다. 아직 직업에 대한 기본 개념이 없는 경우이거나 나이가 어린 경우에는 효과가 크다. 한 장소에서 여러 직업들을 모의 체험할 수 있으면 직업에 대한 기본 개념을 이해하기 좋다. 여러 지역에 관련 시설이 많이 생겨나고 있다.

(3) 직업인 강연

가장 쉬운 방식인 것 같지만 의외로 가장 어려운 방식일 수도 있다. 학교뿐만 아니라 지역 진로직업센터 또는 청소년센터에서 직업인 초청 강연을 많이 실시하고 있다.

- 초등학생인 경우에 가만히 앉아서 오랜 시간 강연 듣기가 어려울 수 있다.
- 많은 학생을 상대로 강연을 하면 한 번에 많은 학생이 들을 수 있어서 좋다.
- 적은 학생들을 상대로 강연하면 쉽게 질문을 하는 등 소통을 하면서 강연이 진행되어서 좋다.

(4) 직업인 인터뷰

직업인 인터뷰의 체험 수준을 4번째 순서로 둔 것은 직업에 대한 기본 지식을 알고 있어야 하기 때문이다.

- 미리 연락해서 약속을 잡는 것이 쉽지 않다.
- 질문지는 미리 작성해야 한다.
- 인터뷰 방식
  - E-Mail로 질문지를 주고받는다.
  - 직접 만나서 인터뷰한다.
  - 영상을 통하여 인터뷰한다.

(5) 학과 체험

특성화고등학교에서 실시하는 학과 체험과 대학교에서 실시하는 학과 체험이 있다.

특성화 고등학교는 여름방학 전이나 10월 정도에 학과 체험 행사를 진행하는 경우가 많다. 해당 고등학교 홈페이지에 학과 체험 행사를 안내하니 참고하면 된다. 또는 중학교에서는 특성화고등학교에서 보내오는 행사 안내문을 학생들에게 공유한다.

대학교 학과 체험은 방학을 이용하는 경우가 많은데 주말을 이용하는 경우도 있다. 대학교 학과 체험과 특성화고 학과 체험의 차이점은 고등학교 학과 체험은 학교 홈페이지에 가면 볼 수 있지만, 대학교 학과 체험은 대학교 홈페이지에 올려져 있지 않다는 것이다. 대학교 학과 체험은 대학교 홈페이지에 있는 것이 아니라, 전공학과 홈페이지에 가야 볼 수 있다. 그래서 원하는 대학교의 학과 체험을 찾는 것이 쉽지 않다. 또한 고등학교로 대학 학과 체험행사 안내공문이 오는 경우도 많지 않다. 학생이 1·2학기 기말고사 전에 각 대학 학과 홈페이지에서 찾아보는 노력이 필요하다.

(6) 직업현장 실제 체험

직업현장에 가서 실제 작업을 하는 체험을 의미한다. 보통은 특성화 고등학교 학생들이 현장실습을 할 때 사용하는 방식이다. 직업현장 실제 체험은 작업에 필요한 기술이 있어야 하므로, 하고 싶다고 반드시 할 수 있는 체험은 아니다. 하지만 기술이 덜 필요한 보조의 역할은 할 수 있으므로 모집하는 곳이 있는지 주도적으로 찾아보는 노력이 필요하다.

〈예시〉 경찰관 일일 체험 등

7) 진로직업체험 장소 안내

앞에서 진로체험 장소는 학생이 직접 조사하는 것이 좋다고 얘기했다. 그렇지만 체험 장소를 찾으려고 시도하다가 찾지 못하여 포기해버리는 학생이 있을 수 있어서 진로직업체험 장소를 간단히 소개한다. 진로직업체험 장소의 운영계획은 관련 기관의 사정으로 자주 변경될 수 있으니 주의 바란다.

(1) 진로직업체험센터 찾는 방법

꿈길 사이트의 아래쪽에 보면 "우리지역 진로체험 지원센터"를 볼 수 있다. 클릭하면 각 지역의 진로체험지원센터의 목록을 볼 수 있어 가까운 지역의 체험 장소를 쉽게 찾을 수 있다.

진로체험지원센터	주소	전화번호	상세보기
전남강진센터	전라남도 강진군 강진읍 삼랑로 54-1	061-434-0113	
전남고흥센터	전라남도 고흥군 고흥읍 백련장진길 16	061-830-2053	
전남곡성센터	전라남도 곡성군 곡성읍 읍내14길 3 곡성미래교육관 나동 1층	061-884-8244	
전남광양센터	전라남도 광양시 광양읍 우산길 3 광양교육지원청 1층 교육지원과	061-760-3314	
전남구례센터	전라남도 구례군 구례읍 구례21길 21 (교육지원청)	061-780-6614	
전남나주센터	전라남도 나주시 왕산길 15	061-330-0124	
전남담양센터	전라남도 담양군 담양읍 신민길 2-8 청록골뜰1에 진로체험지원센터	061-380-8112	
전남목포센터	전라남도 목포시 교육로 5 전라남도목포교육지원청	061-280-6624	

<예시> 서울 : 25개의 진로체험지원센터가 있음.

강남구, 강동구, 강북구, 강서구, 관악구, 구로구, 금천구, 노원구, 광진구, 도봉구, 동대문구, 동작구, 마포구, 서대문구, 서초구, 성동구, 성북구, 송파구, 양천구, 영동포구, 용산구, 은평구, 종로구, 중구, 중랑구

<예시> 전라남도: 23개의 진로체험지원센터가 있음

전라남도 강진, 고흥, 곡성, 광양, 구례, 나주, 담양, 목포, 무안, 보성, 순천, 신안, 여수, 영광, 영암, 완도, 장성, 장흥, 진도, 함평, 해남, 화순 23개

개선해야 할 점: 학생들이 많은 대도시에는 센터들이 어느 정도 있지

만, 학생들이 적은 중소도시나 시골은 센터들이 많이 부족하다. 고교학점제 등 진로선택이 더 중요해지고 있으므로 진로체험에서 소외되는 지역이 없어야겠다.

그동안 중소도시는 학업 환경이 대도시에 비하여 부족하다는 문제점을 가지고 있었다. 그런데 이제는 중소도시가 진로체험마저도 여건이 부족해질 수 있는 문제점을 가지고 있다. 교육부는 지역교육청에만 맡기지 말고 국가 차원에서 중소도시 및 시골 지역의 학생들이 진로직업체험을 충분히 할 수 있도록 개선해야 한다.

⑵ 2023년 교육기부 진로체험 인증기관에서 진로직업체험하기

교육부와 대한상공회의소는 매년 지역사회에서 양질의 진로체험 프로그램을 제공하고 있는 다양한 체험처를 발굴하여 체험 장소 목록을 발표하고 있다. 전국의 다양한 진로체험 장소를 알수 있으니 꼭 활용하기 바란다.

인터넷에서 "2023년 교육기부 진로체험 인증기관"이라고 검색하면 교육부 자료 중에서 "2023년 1차 교육기부 진로체험 인증기관 선정결과 공고" 파일을 확인할 수 있다. 2023년 7월 발표 자료에는 전국에 2,621개의 진로체험 장소가 있다고 되어 있다.

아래는 체험 장소 목록 파일 중에 있는 '2023년 7월 현재 교육기부 진로체험 인증기관 현황표'이다. 현황표를 보여주는 이유는 본인 지역에 어느 정도의 체험 장소가 있는지 확인하라는 것이다. 현황표에는 진로체험 장소가 지역별로 나누어져 있어서 거주하고 있는 지역에 본인이 희망하는 체험 분야가 어느 정도 있는가를 확인하고 '체험기관 목록'에서 본인에게 적합한 체험 장소를 찾으면 된다.

〈2023년 7월 현재 교육기부 진로체험 인증기관 현황표〉
교육부와 대한상공회의소 발표 (단위: 개)

직업군＼권역	수도권	충청권	호남 제주권	강원 대구 경북권	부산 울산 경남권	계
경영·사무·금융·보험	50	22	18	16	35	141
연구·공학·기술	152	100	88	71	113	524
사회·복지·교육 법률·경찰·소방·군인	133	73	95	82	119	502
보건·의료	26	19	16	21	20	102
예술·방송 디자인·스포츠	233	133	153	76	155	750
미용·여행·숙박 음식·경비·청소	89	51	46	40	96	322
영업·판매·운전·운송	20	5	7	6	12	50
건설· 채굴	1	5	1	6	4	17
설치·정비·생산	10	10	4	3	7	34
농림·어업	31	41	32	34	41	179
계	745	459	460	355	602	2,621

표를 보면 꽤 많은 체험 장소가 있음을 알 수 있다. 목록 파일에 있는 체험 장소에서 관심 있는 분야를 찾아보도록 하자.

◆ **아래에는 '체험기관 목록'에 있는 체험 장소 중 지역별, 체험 분야별로 몇 군데를 예를 들어 소개한다. 소개하는 특별한 기준은 없다**

서울	체험 장소	㈜유한양행
	체험 분야	연구원 멘토링을 통한 합성신약과 바이오신약 개발과정 이해 및 다양한 실험 장비 실습

부산	체험 장소	부산항만공사
	체험 분야	항만 물류에 대한 설명을 듣고 현장 견학

대구	체험 장소	DGB사회공헌재단꿈나무교육사업단
	체험 분야	1일 금융 직업인이 되어 은행, 증권사 보험사, 핀테크, 유페이의 하는 일과 직업 진로체험

인천	체험 장소	인하항공직업전문학교
	체험 분야	항공작업실습을 통한 항공정비사 직업체험

광주	체험 장소	광주솔로몬로파크
	체험 분야	체험터 견학을 통한 국회의원, 법무직업, 과학수사연구원, 보호직 및 교정직 공무원 체험

대전	체험 장소	한국과학기술정보연구원
	체험 분야	슈퍼컴퓨터 관련 연구시설 탐방을 통해 관련 연구 직업에 대한 이해 및 탐색

울산	체험 장소	중부청소년수련관
	체험 분야	가상현실과 관련된 직업 세계의 특징을 알고, 가상현실 공간 제작 관련 직업 탐색

경기	체험 장소	국립과천과학관
	체험 분야	강연 청강, 과학교구 및 전시 체험을 통한 과학기술 관련 진로탐색

강원	체험 장소	설악산국립공원 사무소
	체험 분야	자원조사직으로서 동식물 자원 모니터링과 흔적 찾기, 안전관리직으로서 응급처치법 강습 및 안전장비 체험

충남	체험 장소	주식회사 숲이야
	체험 분야	목재교육 전문가에 대한 탐색과 목재를 활용한 업무 체험

충북	체험 장소	쓰리디에코홈
	체험 분야	LED를 활용한 스마트팜 교육 및 로컬푸드 체험 프로그램을 통해 관련 직업에 대한 이해 및 탐색

경남	체험 장소	진주무인항공교육원
	체험 분야	드론전문가로써 드론을 직접 비행하며 드론의 비행 원리와 구조를 알아보는 체험

경북	체험 장소	한국폴리텍대학 로봇캠퍼스
	체험 분야	Inventor 소프트웨어를 활용하여 3D 모델링 작업후 완성품을 출력 등 진로직업 체험

전남	체험 장소	꼬물꼬물곤충나라
	체험 분야	곤충의 대한 흥미를 파악과 곤충산업 분야에 대한 직업 탐색

전북	체험 장소	익산산림항공관리소
	체험 분야	산림학습 및 조종사, 정비사, 산불진화대원의 직무내용과 진로탐색

제주	체험 장소	제주지방기상청
	체험 분야	기상예보 과정 산출, 관측기기 체험을 통한 기상청 연구원 직첩 체험

※ 참고하세요: 교육부 교육기부사이트(https://www.teachforkorea.go.kr)

4. 지역인재 전형

1) 진학

비수도권 지역의 학생들을 위한 지역인재 전형은 진학과 취업의 새로운 변수로 작용하고 있다. 앞으로 선발 인원이 더 늘어날 예정이므로 진학과 취업을 계획할 때 꼭 참고해야 한다.

지역인재 전형은 지역균형전형과 비교해서 이해해야 한다. 지역인재 전형과 지역균형 전형을 구분하지 못하고 같거나 비슷하다고 알고 있으면 잘못 준비할 가능성이 높아진다.

◆ 전형을 만든 목적

- 지역인재전형: 지역에 있는 학생들이 지역 대학에 진학하기 유리하게 해 줌.
- 지역균형전형: 지역에 있는 학생들이 서울·수도권 대학에 진학하기 유리하게 해 줌.

◆ **사용 방식**

- 지역인재전형: 지역 학생들에게 인원을 배당해 줌.
  〈예시〉 지역인재전형 모집정원의 40%
- 지역균형전형: 고등학교당 인원을 제한.
  〈예시〉 학교당 5명 또는 학교 인원의 5%

◆ **목적**

수도권으로의 인구 쏠림현상을 억제하기 위해서 활용되고 있다. 비수도권 지역의 교육, 경제, 문화 등 사회적 기반을 유지·개선하고 강화할 수 있다. 가장 현실적으로는 비수도권 지역 내의 학생들이 다른 지역으로 이탈하는 것을 방지하기 위함이다. 진학뿐만 아니라 취업시장에서도 지역인재 전형을 활용하고 있다.

- 비수도권 범위: 서울, 인천, 경기도를 제외한 나머지 지역

◆ **자격**

- 지역인재 전형의 인원은 늘어나지만 자격요건은 더욱 강화된다.
- 현재는 해당 지역에 거주하고, 해당 지역 고등학교를 졸업하면 자격이 된다.

- 2028 입시부터는 아래의 자격요건을 모두 갖추어야 한다.
  - 해당 지방대학이 있는 지역의 고등학교 졸업
  - 비수도권 중학교 졸업
  - 중·고등학교 기간 동안 학생과 부모 모두 해당 지역에 거주

◆ **대학입시**

- 의학 계열 학과는 지역인재가 의무이고, 다른 학과들은 의무는 아니다.
- 의무가 아닌 학과들도 지역인재전형 모집인원이 늘어나고 있다.
- 의학 계열 해당 학과는 의예과, 치의예과, 한의예과, 약학과, 한약학과, 간호학과이다.
- 의예과, 치의예과, 한의예과, 약학과는 40% 이상, 간호학과는 30% 이상
- 단, 강원도, 제주도는 학생 수가 적어서 40% → 20%, 30% → 15% 이다.
- 의학전문대학원과 치의학전문대학원 20%, 법학전문대학원 15%
- 수의예학과도 지역인재전형이 있다.

◆ **영향**

자격요건이 강화되면 자격요건에 해당하는 것만으로도 합격의 가능성이 높아진다. 자격요건에 해당할 가능성이 있는 학생들은 제도 변화에 관심을 가져야 한다.

◆ **권역과 해당 지역 범위**

권역	해당 지역
충청권	대전광역시, 세종특별자치시, 충청남·북도
호남권	광주광역시, 전라남북도
대구·경북권	대구광역시, 경상북도
부산·울산·경남권	부산광역시, 울산광역시, 경상남도
강원권	강원도
제주권	제주특별자치도

2) 취업

공공기관은 지역균형발전의 목적으로 30%를 비수도권 출신 학생을 채용해야 한다. 수도권에 있는 공공기관도 30% 이상을 비수도권 출신 학생으로 채용해야 한다.

- 지역인재: 최종학력이 해당 지역의 학교 졸업인 경우는 만점의 5%를 가산점으로 준다.
- 비수도권지역인재: 최종학력이 서울인천경기를 제외한 비수도권 학교 졸업인 경우는 만점의 2%를 가산점으로 준다.

◆ 공기업 지역인재채용

- 목적: 수도권으로의 인구 쏠림현상을 억제하기 위해서 활용되고 있다. 대학입시의 지역인재전형과 목적이 같다.
- 자격: 공기업 지역인재채용은 몇 가지 방식이 있는데 자세한 설명은 생략한다. 최종학력이 비수도권에 위치한 학교이면 자격이 된다.
- 인원: 모집 인원의 20%~30% 정도

◆ 공무원 시험제도

- 지방인재채용목표제
- 목표: 지방인재의 공무원 임용 기회를 확대하기 위하여 5, 7급 공개경쟁채용시험, 외교관후보자 선발시험에서 5급 20%, 7급 30%를 지방인재로 선발하는 제도이다.
- 자격: 서울시를 제외한 지역의 학교를 졸업.

◆ **일반 기업**

- 일반 기업은 지역 출신을 채용해야 할 의무는 없다. 단, 세금 혜택 등의 방식으로 지역 출신 채용을 유도하는 제도가 있다.

5. 학교 밖 청소년

※ 학교 밖 청소년에게 가장 중요한 것은 센터나 상담자와의 연결고리를 가지고 있는 것이다.

청소년 시기에 직업인이 되기 위한 필요한 지식과 기술을 습득하지 못하면 사회적 약자가 될 확률이 높아진다. 특히 학교 밖에 있음으로 인해서 범죄환경에 노출될 가능성이 커진다.

1) 자퇴를 고민하는 학생

누구든지 중요한 결정을 할 때는 혼자 결정하는 것보다 여러 명의 의견을 듣는 것이 좋다. 여러 명의 의견을 들을 때는 전문가의 의견을 포함하는 것이 좋다. 학교를 자퇴하는 것은 매우 중요한 결정이다.

그래서 '학업중단 숙려제'를 통하여 자퇴를 하려는 학생들이 혼자 결정하지 않고 전문가의 의견을 들을 수 있도록 기회를 제공하고 있다. Wee센터, 청소년상담복지센터 등의 전문가와 상담을 하며 2주 이상의 숙려 기간을 갖도록 하고 있다.

학생 스스로도 학교의 선생님, 학교 안에 위치한 Wee클래스, 학교 밖에 있는 Wee센터, 청소년상담지원센터(청소년상담복지센터) 등에 찾아가서 얘기를 나누며 고민을 조금씩 해결하는 게 좋다.

학교생활에서 존재하는 어려움을 하나씩 해결해 가면서 학교 밖 청소년이 되지 않고, 학업을 지속하여 행복한 사회구성원이 될 수 있다는 희망을 갖기를 바란다.

2) 자퇴를 한 학생

학교에서 자퇴한 학생에게 가장 중요한 것은 센터나 상담자와의 연결고리를 유지하는 것이다.

자퇴를 한 학생들 중에는 아르바이트 등 근로를 하는 학생들이 많다. 그런데 근로하는 일자리의 대부분이 단순직이고 발전 가능성이 없는 경우가 많아서 계속 저임금 노동자의 생활을 하는 경우가 많다. 그래서 일자리를 구할 때도 센터의 전문가들의 상담을 꼭 받기를 권유한다.

3) 학교 밖 청소년의 진학

검정고시 출신이 수능 인원의 2%를 넘었고 매년 증가하고 있는 추세이다.

◆ 검정고시 시험 안내

연 2회 시험 실시, 공고일 이전 6개월 이내에 자퇴한 학생은 응시할 수 없다.

- 필수 과목: 국어, 영어, 수학, 사회, 과학, 한국사,
- 선택 과목: 도덕, 기술가정, 체육, 음악, 미술 중 하나 선택, 전과목 평균 60점 이상이 되어야 합격.

◆ 대학입시

- 검정고시로 대학을 진학하려 할 때는 대학교에 따라서 지원할 수 없는 전형이 있으므로 대학별 전형을 미리 파악해두어야 한다.
- 대학입시에서 생활기록부의 비교과가 반영이 늘어나면서 생활기록부가 없는 검정고시 응시자의 경우는 불리해지고 있다.
- 단순히 대학입시 때문에 자퇴를 하는 학생들은 합격가능성이 낮

아지고 있다는 것을 꼭 참조해야 한다.

〈검정고시 출신과 관련된 대학입시전형〉

수시	학생부교과 전형	• 검정고시 출신의 내신성적은 검정고시 성적을 환산하여 사용한다. • 상위권 대학은 지원할 수 없는 경우가 대부분이다.
	학생부종합 전형	생활기록부의 비교과는 대체 서류를 활용하지만, 불리한 경우가 많다.
	논술전형	불리한 것은 없다. 내신성적은 논술고사 성적을 환산해서 사용한다.
정시	수능전형	대부분 지원 가능하다. 하지만 생활기록부의 비교과를 반영하는 대학이 생겼고 앞으로 더 늘어날 수 있다.

4) 학교 밖 청소년을 위한 안내 사이트

학교를 그만두는 결정도 쉽지 않았을 텐데, 학교 밖 생활에서도 소외되고 또 다른 어려움을 겪는 경우가 많다. 정부에서는 이러한 청소년들이 꿈을 가지고 자신의 미래를 스스로 준비하여 공평한 기회를 얻을 수 있도록 지원한다.

• 한국청소년상담복지개발원의 청소년지원센터 꿈드림, 청소년상담복지센터, 청소년쉼터, 청소년자립지원관 등에서 많은 기회를 가

질 수 있다.

- 꿈드림센터(www.kdream.or.kr): 학교 밖 청소년들을 위한 지원 서
  비스를 한곳으로 모아놓은 사이트이다. 교육지원, 상담지원, 직업
  체험 및 직업교육훈련 지원, 자립지원, 건강검진 등의 서비스를 한
  다. 전국에 230여 개의 꿈드림 센터가 운영 중이다.

6. 다문화 청소년

1) 한국어 공부

다른 나라에 가서 생활을 하고 공부하기 위해서는 그 나라의 언어를 빨리 습득하는 것이 가장 중요할 것이다. 그런데 언어를 배우는 것이 쉽지 않고 원어민 학생들과 시험으로 경쟁하는 수준이 되는 것은 더욱 어렵다. 하지만 언어를 배우는 특별한 방법은 없다. 학생 수준에 맞는 한국어 개인 수업도 제공해 주고 있으므로 열심히 공부하도록 하자. 혹시 개인 수업을 어디에 신청해야 하는지 모른다면 학교의 담임 선생님께 물어보면 알려주실 것이다.

2) 진로진학 상담

고등학교 입시와 대학교 입시에서는 성적 외에 다른 것도 큰 영향을 미친다. 예를 들면 성적만큼 생활기록부에 기록된 내용들이 중요할 때도 있다. 입시는 학교에 따라서 다양한 방식이 있어서 방식을 잘 알면 유리해질 수 있고 동시에 방식을 잘 모르면 불리해질 수 있다.

◆ **진로진학 상담은 아래와 같이 하면 좋다**

- 꼭 개인 상담을 받는다. 여러 명이 같이 하는 상담보다 개인별 상담을 추천한다.
- 가능한 상담 시기를 앞당긴다. 진로진학 준비는 빨리 시작할수록 좋다. 미리 시작하면 필요한 것을 놓치지 않고 준비할 수 있다.
- 적어도 한 학기에 한 번은 진로진학 상담을 한다. 진로진학은 시기에 따라 준비해야 할 것이 있다. 그러므로 1년에 2회 이상의 상담을 추천한다.
- 학생과 부모가 같이 상담한다. 진로진학은 부모가 도와줘야 할 것이 많다. 특히 다문화가정 학생들은 학생과 부모가 같이 고민하며 해결 할 것이 더 많다.

3) 초·중·고 입학

그동안 초중고는 학교 입학 절차가 복잡하고 현실적이지 못하여 한국 문화에 익숙하지 못하고 언어가 잘 통하지 않는 다문화가정에서는 입학 과정이 매우 불편했다. 그래서 초중고의 입학 절차를 각 학교의 특성에 맞도록 개선했다.

입학하려는 학교에 따라서 문의하면 된다.

◆ **초등학교: 거주지 인근 초등학교 문의**

◆ **중학교**

- 학교군지역(여러 학교): 거주지 관할 교육지원청으로 문의하여 배정
- 중학구지역(한 개 학교): 거주지 인근 중학교로 직접 문의(중학구: 지역 여건 등을 고려하여 추첨없이 특정 중학교에 지정 입학하도록 설정된 구역)

◆ **고등학교: 입학을 희망하는 고등학교로 문의**

추가적인 내용이 필요하면 거주지 주민센터 또는 다문화지원센터에 문의하면 된다.

4) 고등학교 입시·대학교 입시

- 고등학교의 대부분은 추첨 방식의 일반고이다.

- 특성화고등학교는 추첨이 아니고, 중학교 내신성적으로 학생을 선발한다.
- 시험 경쟁이 있는 고등학교에 진학하려면 사회통합전형을 활용하면 유리하다.
- 대학교 입시의 경우에는 사회배려자 전형을 적극 활용한다.
  - 외국인전형 자격: 부모 및 본인 모두 외국 국적일 때 가능
  - 다문화가정 자녀 특별전형 자격: 한국인과 외국인 부모에게서 출생
- 다문화가정 자녀 특별전형은 사회배려자 전형에 포함되어 있다. 일부 대학은 다문화전형이 별도로 있다.
- 다문화가정 자녀 특별전형의 자격 기준은 조금씩 바뀌고 있으므로 해당 대학 모집요강을 꼭 확인해봐야 한다.
- 자세한 내용은 앞의 고등학교 입시, 대학교 입시 단원을 읽어보기를 바란다.

5) 다문화가정을 위한 안내 사이트

◆ **다문화가족지원포털 (https://www.liveinkorea.kr)**

다문화가족의 안정적인 정착과 가족생활을 지원하기 위한 종합서비

스를 제공.

◆ 나누리콜센터 ☎ 1577-1355

365일 24시간 주말, 공휴일 상담 가능하다.
이주여성 전문상담원이 13개 언어로 상담한다.

◆ 한국생활안내 사이트(https://krguide.kr/)

대한민국 소개, 다문화가족 및 외국인 지원 서비스, 체류 및 국적취
득, 한국 문화와 생활, 임신과 육아, 자녀교육, 건강과 의료, 사회보장제
도, 취업과 근로

◆ 글로벌청소년교육센터

〈예시〉 서울시글로벌청소년 교육센터(https://seoulgyec.or.kr)